现代合作性金融制度的产生、变迁及功能研究

杨　焱　著

中国财经出版传媒集团
中国财政经济出版社

图书在版编目（CIP）数据

现代合作性金融制度的产生、变迁及功能研究／杨焱著．--北京：中国财政经济出版社，2023.9

ISBN 978-7-5223-2036-6

Ⅰ.①现…　Ⅱ.①杨…　Ⅲ.①金融制度-研究-中国
Ⅳ.①F832.1

中国国家版本馆 CIP 数据核字（2023）第 039550 号

责任编辑：钱琪然　　　　责任印制：张　健
封面设计：卜建辰　　　　责任校对：徐艳丽

中国财政经济出版社 出版

URL：http：//www.cfeph.cn

E-mail：cfeph@cfeph.cn

社址：北京市海淀区阜成路甲 28 号　邮政编码：100142

营销中心电话：010-88191522

天猫网店：中国财政经济出版社旗舰店

网址：https：//zgczjjcbs.tmall.com

北京中兴印刷有限公司印刷　各地新华书店经销

成品尺寸：170mm×240mm　16 开　12.5 印张　188 000 字

2023 年 9 月第 1 版　2023 年 9 月北京第 1 次印刷

定价：49.00 元

ISBN 978-7-5223-2036-6

（图书出现印装问题，本社负责调换，电话：010-88190548）

本社质量投诉电话：010-88190744

打击盗版举报热线：010-88191661　QQ：2242791300

自 序

2013年12月，我攻读博士研究生第一年，正好是中国人民银行成立65周年之际，我跟随我的导师白钦先教授赴北京参加中国人民银行举办的中国金融学会年会，会议的主题之一就是我国农村信用社改革。会上，时任中国人民银行行长周小川、全国社保基金理事会党组书记戴相龙、全国人大财经委员会副主任委员吴晓灵、广东金融学院院长陆磊等均对中国农村信用社改革十年的成绩、挑战与未来方向阐述了自己的看法。我国信用合作社自新中国成立以来，历经改革变迁却一直未能走上合作金融道路。吴晓灵在会上作“重铸农村合作金融——纪念农村信用社机制改革”的主旨演讲时发出“梦碎合作”的慨叹，对我触动最深。这次会议让我对研究合作性金融产生了浓厚的兴趣。另外，当时我导师白钦先教授首次提出“三维金融架构理论”，该理论认为，对于现代市场经济的国家或经济体，商业性金融、政策性金融、合作性金融这三者相互联系、相互影响、相互作用，本质不同的金融组织形态或金融资源配置方式共同构成整个金融系统架构，应是一国或一个经济体重要的基础性金融制度设计。正是以上两个原因让我选择现代合作性金融制度研究作为我博士论文的选题。本书即是在我博士论文基础上修改而成的。“三维金融架构理论”也是本书的两个理论基础之一。

本书的另一个理论基础是张五常教授的“一般合约理论”，或者称为“合约的一般理论”。该理论让我从合约安排的角度来看现代合作性金融制度的产生和变迁，让我对现代合作性金融制度有了有别于前人的创新。可以说我本人的学术思想，除了受我导师影响之外，受张五常教授影响最大。攻读博士研究生期间，我开始看张五常教授的四卷本《经济解释》，书中关于经济学的科学方法论基础、对经济学基本概念的厘清及合约分析的方法都深深吸引了我。随后一发不可收拾，我把能找到的张五常教授的著作都找来阅读，连他的博客内容也没有放过。当时主持张五常博客的是中山大学博士李俊慧，我与五常经济学结缘就是看到了李俊慧博士在《南方日报》发表的一篇文章，文章中推荐了《经济解释》这本对她影响很大的书。博士研究生毕业后我来广州工作，有幸结识了李俊慧博士，还有一众经济学界的学友，大家偶尔约上一起交流研讨，总是相谈甚欢，受益匪浅。2017年11月我还有幸在深圳参加张五常教授"《佃农理论》五十年"经济研讨会，见到了五常真人，还有产权经济学大师巴泽尔（Yoram Barzel）。人生的缘分有时候简直妙不可言。

在这里，我想向那些在我求学、求知道路上给予我指导、鼓励和支持的导师、教授、学者表示衷心的感谢。没有他们的专业知识和宝贵建议，我的研究工作无法得以顺利进行和完成。

特别感谢我的导师白钦先教授，在整个研究过程中给予我悉心指导和启发，对我的信任和支持使我能够充分发挥自己的潜力并追求研究兴趣。在正式进入白门之前，我就被白老师的人格魅力和学术思想所折服，并下定决心投其门下。经过一年的备考，终于如愿以偿，是我之幸。追随先生四年，不论是在做人、做事还是做学问方面我都受益匪浅。先生有言："师道缘于人品，人道归为自然。"我的理解是：师道缘于人品，因（品）德高为师；人道归为自然，因道法自然。这是对恩师的真实写照了。恩师是学界泰斗，是名师，也是严师。对弟子做事做学问要求严格，耳提面命，谆谆教诲，作为弟子不敢丝毫懈怠。而平时生活中又亲切慈祥、温文尔雅，对弟子关怀备至。有师如此，夫复何求！

我还要感谢那些在论文撰写和研究过程中提供帮助和支持的同学和朋友们。他们的意见、经验和鼓励对我的研究工作起到了积极的推动作用。

此外，我要感谢我的家人和亲人们。在我研究和写作的漫长旅程中，他们始终给予我无条件的支持和理解，给予我无限温暖。没有他们的支持和理解，本书的完成将难以想象。

最后，我要感谢所有为这本专著的出版付出努力的人们。感谢广州航海学院对本书出版的资助。感谢出版社和编辑团队为我提供这个机会，让我能够将我的研究成果分享给更广泛的读者。

本书的出版适逢中国农村信用社改革二十年，衷心希望我的研究和专著能够为合作性金融领域的学术研究和实践工作提供有益的启示和参考，促进合作性金融领域的发展和创新。我深信，通过深入研究和分析现代合作性金融制度的形成、变迁和功能，我们能够为建设一个更加稳定、包容和可持续的金融体系作出积极的贡献。

再次感谢所有支持和帮助我的人们。没有你们的支持，这本专著将不可能问世。感谢你们的陪伴和鼓励，让我在学术之路上不断前行。

杨焱

2023 年夏于广州

前　言

合作性金融的历史源远流长，传统的合作性金融组织是民间自发的、松散的联合，如大约起源于隋朝的中国的合会组织，是会员间救济性融资的组织，具有基本的储蓄和贷款功能，即使在银行制度高度发达的今天，它仍然保持着持久的生命力。而现代意义上的合作性金融组织始于19世纪中后期德国的雷发巽和舒尔茨分别在农村和城市创立的信用合作社，是伴随着工商业资本主义的发展而产生的。

现代合作性金融制度产生以来，迅速在世界上传播，许多国家都建立了现代意义上的合作性金融体系，甚至得到各国政府不遗余力的推动和支持。但第二次世界大战后人们对合作制的关注开始呈现下降趋势，很可能是经济学的研究范式由制度导向的分析向新古典经济学转变的缘故。2008年席卷全球的金融危机发生后，人们发现合作性金融在金融危机中的表现整体要比商业性金融稳健，能比商业性金融更好地应对危机的发生，于是人们对合作性金融这一不同于商业性金融的金融资源配置方式给予了更多关注。但总体上来说，合作性金融在社会经济生活中的重要作用与它目前在经济研究领域受到的重视程度是不匹配的。近年来，现代合作性金融出现了很多新情况与新发展，需要我们去观察研究。另外，我国信用合作社自新中国成立以来，历经变迁却一直未能走上合作金融道路。最近一次从2003年启动的农村信用社机制改革，更是在商业化的道路上回头无望。我国并不是不需要合作性金融。我国作为地域广阔、人口众多的发展中大国，经济发展的非均衡性及多层次性十分明显，决定了我国对合作性金融的需求是客观存在的，也是强烈的。我国需要培育新型合作性金融组织和发展现代合作性金融体系。这些都要求学者加强对现代合作性金融制度理论和实践的研究。

对现代合作性金融制度的研究至少应涵盖三个方面：制度的形成问题、变动的趋势问题、现实的认定问题，也即现代合作性金融制度的产生、变迁及功能问题。然而，文献的梳理表明现有的研究在这三个方面都有欠缺。本书以一般合约理论和三维金融架构下的合作性金融理论为理论基础，综合运用多种研究方法对现代合作性金融制度这三个基本问题按顺序展开论述，最后在反思与借鉴的基础上对我国合作性金融体系的重构重建提出建议，并对我国合作性金融在城市化建设中的功能作用进行展望。本书按照以上思路分五个章节展开论述，具体安排如下：

第 1 章是绪论。本章通过梳理国内外关于现代合作性金融制度研究的文献发现该制度研究的三个基本问题，即制度的形成问题、变动的趋势问题、现实的认定问题均有欠缺，这构成本书的研究主题：现代合作性金融制度的产生、变迁及功能研究。本章也介绍本书分析的理论基础，包括三维金融架构下的合作性金融理论和一般合约理论两个理论成果。

第 2 章研究现代合作性金融制度的产生问题，即解释该制度是如何形成的。本章首先对传统合作性金融进行概述，并对“传统”与“现代”合作性金融异同进行分析，然后对现代合作性金融制度产生初期的合约安排进行考察并系统阐述了其产生源于两个关键局限转变。本章也通过引入欧文·费雪一般化的资产与资本概念重新界定了合作性金融的本质，最后对现代合作性金融组织的基本特征进行归纳总结。

第 3 章研究现代合作性金融制度变迁的一般规律。本章首先以几个典型国家为例系统梳理现代合作性金融制度变迁历程及特征，并总结其最新发展情况与现有部分研究成果不符之处；然后，本章对现代合作性金融制度变迁的一般规律进行总结，并提出理论假说进行解释，对理论假说进行验证分析；最后指出现代合作性金融组织与商业性政策性金融组织的相互合作、相互补充、相互影响也是现代合作性金融制度发展的一个显著特征。

第 4 章从功能视角阐述了现代合作性金融制度存在的合理性，证明了作为三维一体金融架构中的一员，其存在和发展的不可或缺，不可替代。本章首先对现代合作性金融的一般功能和特殊功能进行阐述；然后通过案例分析的形式对现代合作性金融功能发挥的总体表征与机制进行分析总结；最后对现代合作性金融制度的特殊功能，即金融稳定性功能进行实证分析。

第 5 章在反思与借鉴的基础上对我国合作性金融体系的重构重建提出建议，并对我国合作性金融在城市化建设中的功能作用进行展望。

最后总结全书并提出研究展望。

本书与以往研究相比在以下几个方面有所创新：

第一，较为系统、科学地阐述了现代合作性金融制度的产生问题，找到了现代合作性金融制度产生的两个关键性局限转变。另外，通过引入欧文·费雪一般化的资产与资本概念，重新界定了合作性金融的本质。

第二，通过对几个典型国家现代合作性金融制度发展的资料梳理，特别是对其最新发展情况的分析，推翻了部分现有研究成果或观点。在此基础上，运用比较静态分析的方法研究现代合作性金融制度变动的一般规律，而且对于一般规律的理论分析更为抽象和深入，也因此具有一般性的解释力。本书也对政府介入与退出现代合作性金融发展的规律进行了深入的理论分析。

第三，较为系统地研究了现代合作性金融的功能，特别指出了其不同于其他金融族类的金融稳定性这一特殊功能，并进行理论分析。

第四，更为深入地分析我国农村信用社未走上合作性金融道路的原因，并在反思与借鉴的基础上对我国合作性金融体系的重构重建提出建议，特别强调了我国城市合作性金融重构重建的重要性。

本书的不足之处主要有以下几个方面：

第一，研究制度的变迁对制度发展细节的了解要求极高。由于受时间的限制及资料收集困难，本书只以德国现代合作性金融制度的发展为例对现代合作性金融制度变迁的理论假说进行验证分析，后续可以其他国家为例进行进一步验证。

第二，对于现代合作性金融功能发挥的机制研究还需要进一步的理论抽象，目前的论述缺乏理论深度。

第三，限于时间及数据获取的困难，本书只对现代合作性金融制度安排对合作性金融体系自身的金融稳定性功能进行了实证检验。其实一个合理的推论是：现代合作性金融也具有金融系统的稳定性功能。而且现代合作性金融这一特别的金融资源配置方式，增加了金融体系产权结构的多样性，而系统的多样性是系统稳定的一个前提。后续可以对现代合作性金融的系统稳定性功能进行验证分析。

目 录

第1章 绪论……………………………………………………………………………… 1

1.1 选题背景与研究意义 ……………………………………………………………… 1

1.1.1 选题背景 ………………………………………………………………… 1

1.1.2 研究意义 ………………………………………………………………… 2

1.2 国内外研究综述 …………………………………………………………………… 4

1.2.1 合作性金融概念的界定 ………………………………………………… 4

1.2.2 现代合作性金融制度产生的问题 ……………………………………… 5

1.2.3 现代合作性金融制度及其发展研究 …………………………………… 6

1.2.4 现代合作性金融功能研究 ……………………………………………… 13

1.3 本书的理论基础……………………………………………………………………… 15

1.3.1 一般合约理论 …………………………………………………………… 15

1.3.2 三维金融架构下的合作性金融理论 …………………………………… 19

1.4 基本思路与研究方法………………………………………………………………… 21

1.5 本书创新点与不足…………………………………………………………………… 23

第2章 现代合作性金融制度的产生研究：面临的局限转变…… 25

2.1 传统合作性金融概述………………………………………………………………… 25

2.1.1 传统合作性金融组织的形式 …………………………………………… 25

2.1.2 传统合作性金融组织的功能 …………………………………………… 28

2.1.3 传统合作性金融组织的局限 …………………………………………… 29

2.2 “现代”与“传统”合作性金融的异同分析 ……………………………………… 30

2.3 现代合作性金融制度产生初期的合约安排 …… 32
2.4 现代合作性金融制度产生面临的局限条件 …… 35
2.4.1 从制度需求角度的考察 …… 35
2.4.2 从制度供给角度的考察 …… 39
2.4.3 小结：两个关键局限与合作性金融本质的再界定 …… 41
2.5 现代合作性金融组织的基本特征 …… 42
第3章 现代合作性金融制度变迁研究：变动的一般规律 …… 45
3.1 主要国家现代合作性金融制度变迁特征研究 …… 45
3.1.1 德国现代合作性金融制度变迁特征 …… 45
3.1.2 法国现代合作性金融制度变迁特征 …… 51
3.1.3 美国现代合作性金融制度变迁特征 …… 55
3.1.4 日本现代合作性金融制度变迁特征 …… 63
3.1.5 印度现代合作性金融制度变迁特征 …… 68
3.2 对现有研究成果或观点的修正 …… 72
3.2.1 法国农业信贷体系已不是“上官下民”式组织结构 …… 72
3.2.2 德国合作性金融体系已不是典型的三层金字塔式组织结构 …… 74
3.2.3 城市合作性金融也具有普遍适用性 …… 75
3.2.4 合作性金融机构对外按商业性原则交易不是异化 …… 76
3.2.5 合作性金融机构也可以有某些商业性和政策性金融功能 …… 76
3.2.6 对现代合作性金融制度不同发展路径的修正 …… 77
3.3 现代合作性金融制度变迁的一般规律 …… 78
3.3.1 资金来源、业务范围和服务对象逐渐扩大 …… 79
3.3.2 民主管理形式由直接民主转向间接民主 …… 81
3.3.3 形成自下而上持股、自上而下服务的组织体系 …… 81
3.3.4 通过兼并重组体系对内部整合向外部扩张 …… 82
3.3.5 行业自律组织普遍产生和发展 …… 83
3.3.6 政府直接介入推动发展而后逐渐退出 …… 83
3.4 现代合作性金融制度变迁的理论分析 …… 84

3.4.1 现代合作性金融制度变迁的一个理论假说 …… 84
3.4.2 理论假说的验证分析 …… 86
3.4.3 政府介入与退出的理论分析 …… 93
3.5 现代合作性金融组织与商业性政策性金融组织的合作 …… 96
3.5.1 与商业性金融组织的合作 …… 96
3.5.2 与政策性金融组织的合作 …… 97

第4章 现代合作性金融制度的功能研究：存在的现实认定 …… 100

4.1 现代合作性金融的功能 …… 100
4.1.1 金融功能观的提出 …… 100
4.1.2 现代合作性金融的一般功能 …… 101
4.1.3 现代合作性金融的特殊功能：金融稳定性功能 …… 102
4.2 现代合作性金融功能发挥的总体表征与机制 …… 103
4.2.1 德国现代合作性金融功能发挥的总体表征与机制 …… 103
4.2.2 美国现代合作性金融功能发挥的总体表征与机制 …… 111
4.2.3 日本现代合作性金融功能发挥的总体表征与机制 …… 122
4.2.4 小结 …… 128
4.3 现代合作性金融的金融稳定性功能的实证分析 …… 129
4.3.1 现代合作性金融与商业性政策性金融的差异分析 …… 129
4.3.2 现代合作性金融的金融稳定性功能的理论假设 …… 131
4.3.3 现代合作性金融的金融稳定性功能的验证 …… 133
4.3.4 小结 …… 140

第5章 重构重建中国合作性金融体系：反思与借鉴 …… 142

5.1 中国农村信用社未走上合作性金融道路的反思 …… 142
5.1.1 中国农村需要合作性金融 …… 144
5.1.2 现代合作性金融制度与中国传统文化准则的不协调 …… 146
5.1.3 历史上华洋义赈会成功推动农村合作性金融发展的经验研究 …… 153
5.1.4 小结 …… 156

5.2 重构重建中国农村合作性金融体系 …………………………… 157
5.2.1 已商业化的农信社彻底商业化 …………………………… 157
5.2.2 明确政府介入原则防止过度干预 ……………………… 158
5.2.3 重构重建新型农村合作金融组织 ……………………… 160
5.2.4 构建农村三维金融架构体系 …………………………… 164
5.2.5 小结 ……………………………………………………… 165
5.3 重构重建中国城市合作性金融体系 …………………………… 166
5.3.1 建立城市合作性金融体系的必要性 …………………… 166
5.3.2 明确政府介入原则防止过度干预 ……………………… 167
5.3.3 重构重建新型城市合作金融组织 ……………………… 168
5.3.4 构建城市三维金融架构体系 …………………………… 169
5.3.5 小结 ……………………………………………………… 170
5.4 中国合作性金融在城镇化建设中的作用展望 ………………… 170
5.4.1 城镇化本质的再思考 …………………………………… 171
5.4.2 对农业现代化的金融支持 ……………………………… 171
5.4.3 对城镇低收入群体及中小企业的金融支持 …………… 172
5.4.4 小结 ……………………………………………………… 172

结束语……………………………………………………………………… 173
参考文献…………………………………………………………………… 176

第1章　绪　　论

1.1　选题背景与研究意义

1.1.1　选题背景

对于合作制的关注从第二次世界大战后就呈现下降趋势，早期的经济学教材针对合作制的理论、相关详细报告、不同合作形式都有广泛的讨论，但第二次世界大战后对其关注度急转直下，很可能是经济学的研究范式由制度导向的分析向新古典经济学转变的缘故，更强调自上而下的政府主导解决经济问题的方式而不注重社会组织自身去解决，合作制不再受到青睐（Kalmi，2007）。新制度经济学的兴起与发展表明经济学研究的重心正在变化。2008年席卷全球的金融危机发生后，人们发现合作性金融在金融危机中的表现整体要比商业性金融稳健，比商业性金融更好地应对危机的发生，人们对于合作性金融这一不同于商业性金融的金融资源配置方式的关注度有所上升。但总体上来说，合作性金融在社会经济生活中的重要作用与它目前在经济研究领域受到的重视程度是不匹配的。近年来，合作性金融出现了很多新情况、新发展，需要我们去观察、去研究。

我国信用合作社自新中国成立以来，历经变迁却一直未能走上合作金融道路。2003 年启动的农村信用社机制改革，更是越来越偏离合作金融道路，在商业化的道路上越走越远。全国人大常委会财经委副主任委员吴晓灵在 2013 年 12 月中国人民银行举办的中国金融学会年会上作题为《重铸农村合作金融——纪念农村信用社机制改革》的演讲时发出“梦碎合作”的概叹，值得深思。

我国并不是不需要合作性金融。现代意义上的合作性金融从出现至今已经有 160 多年的历史，几乎所有国家都存在合作性金融组织，这是经济发展的非均衡性和多层次性所决定的，有些国家的合作性金融还在金融市场上占有重要的地位，比如法国的合作性金融机构不管是储蓄市场份额还是贷款市场份额，近年来都在 50% 以上。我国作为地域广阔、人口众多的发展中大国，经济发展的非均衡性及多层次性十分明显，这决定了我国对合作性金融的需求是强烈的，也是客观存在的。目前我国正在发展和培育新型合作性金融，而且国家在个别省份（如山东）进行相关试点。党的十八届三中全会也明确“允许有条件的农民专业合作社开展信用合作，规范发展多种形式的新型农村金融机构”。2014 年的中央“一号文件”内容更具体，更显紧迫性，明确提出发展新型农村合作性金融组织，推动社区农村资金互助组织的发展，完善地方农村金融管理体制。我国新型合作性金融的发展及合作性金融体系的重构重建需要学者加强对现代合作性金融制度理论与实践的研究。

本书正是在以上背景下确定的。

1.1.2 研究意义

合作性金融的历史源远流长，传统的合作性金融组织，如中国的合会组织（大概起源于隋朝），是民间自发的、松散的联合，是会员间救济性融资的组织，会员间相互融通资金，具有基本的储蓄和贷款功能。而现代意义上的合作性金融是伴随着工商业资本主义的发展而产生的，其运作的方式吸收了资本主义生产方式中产生的先进的工厂企业管理制度和信用制度。现代合作性金融制度始于 19 世纪中期德国的雷发巽和舒尔茨分别在农村和城市创立的信用合作社，迄今已有 160 多年的历史。

现代合作性金融制度产生以来，迅速在世界上传播，许多国家都建立了现代意义上的合作性金融体系，甚至得到各国政府不遗余力的推动和支持。但是，前文已经指出，第二次世界大战后人们对合作制的关注开始呈现下降趋势，合作性金融在社会经济生活中的重要作用与它目前在经济研究领域受到的重视程度是不匹配的。根据笔者整理资料发现，许多研究结论和观点与现代合作性金融制度发展的最新情况不相符，必须加强对现代合作性金融一般性基础理论研究，以更好地指导现代合作性金融的实践。

对现代合作性金融制度一般问题的研究至少应涵盖三个方面：制度的形成问题、变动的趋势问题、现实的认定问题，即现代合作性金融制度的产生、变迁及功能。然而，现有的研究在这三个方面都有欠缺。

首先，现有大部分的研究都把现代合作性金融制度的存在当作一个既成事实，在此基础上展开分析，系统科学地解释该制度最初是如何形成的，面对的关键局限转变是什么的研究几乎没有。因为这本身就是经济学研究范畴中最困难的一部分。本书试图在这一问题上有所突破，这将是对现有现代合作性金融理论的重要补充。同时，本问题的研究对于我国现代合作性金融的发展具有特别的实践意义。因为我国信用合作社几经变迁一直未走上真正的合作性金融道路，该问题的突破将对我国反思现代合作性金融制度的发展，并最终形成真正的合作性金融体系找到关键局限提供借鉴。

其次，目前对于现代合作性金融制度发展的研究主要集中于不同发展模式的探讨，这类研究主要是根据典型国家现代合作性金融制度当时的组织体制、管理体制、所有权属性，再加上业务范围、规模、服务对象等不同要素特点进行划分，这种研究是对既成事实的区分和对比，属于特殊理论，不具有理论上的一般性，解释力就要欠缺许多。而且根据笔者查阅到的各典型国家现代合作性金融制度发展的最新进展也确实推翻了现有的部分研究成果或观点。本书运用比较静态分析的方法研究现代合作性金融制度发展的一般性规律，并给予理论上的分析与解释，增强现代合作性金融制度发展理论的深度和抽象度，使其更具有一般性的解释力，以更好地指导现代合作性金融制度发展的实践。

再次，笔者通过文献整理发现，目前对于现代合作性金融功能进行专门研究的文献很少。金融功能观自 20 世纪 90 年代中期被正式提出以后，对金融功能问题的研究得到迅速扩展，然而对于现代合作性金融功能，特别是对现代合作性金融区别于其他金融族类的特殊功能，进行较为系统研究的文献目前几乎处于空白状态，本书试图在该领域进行研究，也是对现代合作性金融理论的重要补充。而且，本书研究也将对现代合作性金融制度的功能地位进行现实认定，其存在和发展对一国经济金融发展非常重要，为我国坚定推动真正的现代合作性金融制度发展提供理论支撑。

总之，本书将对我国新型合作性金融组织的发展和现代合作性金融体系的重铸提供理论指导与经验借鉴，具有重大的理论意义和现实意义。

1.2 国内外研究综述

本书从以下几个方面对相关文献进行综述。

1.2.1 合作性金融概念的界定

通常合作性金融可以从两个角度来理解：一是合作性金融是合作经济的组成部分，是伴随合作经济的发展而发展起来的，并在合作经济的发展中起到越来越重要的作用；二是合作性金融作为金融的组织形式之一，是一种以互助融资方式为基础的特殊的金融资源分配方式。

根据从事领域的不同，合作性金融机构可以分为合作性信贷机构和合作性保险机构，狭义的合作性金融仅指前者。一般来讲，合作银行被认为是信用合作社的高级阶段，业务范围与服务对象更为广泛。信用合作社的顾客一般仅限于会员，而合作银行的顾客不仅限于会员。另外，世界上很多国家还存在着一种非正规的合作性金融活动，在中国称为合会（主要有轮会、标会和摇会三种形式），在日本称为 tanomoshi，韩国称为 kye，在一些西非和加勒比海国家称为 susus，这些活动基本上并不依据现代合作原则，所以不是现代意义上的合作性金融。我们可以把它们称为传统的合作性金融组织。

国内外不少学者从不同的角度对合作性金融进行定义。李恩慈（1999）认为从经济学意义上讲，合作金融是指一切以国际通行的合作制原则为标准，以股金为资本，以基本金融业务为经营内容，以入股者为主要服务对象而形成的金融活动以及随之发展起来的金融合作组织。李树生（2004）认为从一般意义上讲，合作金融是指社会经济中的某些个人或企业，为了改善自身的经济条件和获取便利的融资服务，按照合作经济原则，设立的金融机构，主要为社员或入股者提供资金融通等服务。史曲克·兰德（Strick Land）认为合作性金融侧重的不是资产或资金的合作，而是社员间相互的合作，强调社员间是彼此完全平等的，不以资金多与少排序，并强调合作金融组织只能贷款给社员（赖南冈，1982）。张则尧编译的《合作金融要义》将合作金融定义为：合作金融指资金流通的经济现象中，采用合作经济组织所经营者；换言之，经济上的弱者互相结合，共负责任，集合对外以取得信用者，称为合作金融（张则尧，1944）。张绍言（1947）把合作性金融的定义总结为三类：一是合作性金融即为合作经营资金的供给；二是合作性金融不仅包括合作经营资金的借贷，还应包括合作经营而产生的存款；三是合作性金融包含各种合作组织（如生产合作社、消费合作社等）对于合作资金的聚集、运用、管理等。张绍言认为对于合作性金融的研究应采用第三种这一广义的概念，比较全面。Berthoud 和 Hinton（1989）把合作性金融定义为一种利用成员的储蓄向成员提供信贷的合作性团体。

笔者认为这些定义至少存在两个问题：一是不够准确，如史曲克·兰德认为合作金融组织只能贷款给社员，这种观点已经过时，不符合实际情况；二是不具有普遍性，抽象度不够，很多定义是一种想象性描述。另外，人作为劳动力也是资产，强调合作性金融侧重社员即人的合作，而不是资产的合作的观点有失偏颇。

1.2.2 现代合作性金融制度产生的问题

早在1994年，曾康霖（1994）就提出研究现代合作性金融时至少应研究的三个基本问题之一，即其产生的问题。通过文献梳理，发现其观点没有被引起足够重视，大部分现有研究总是把合作金融的存在当作一个既成事实，并在此基础上，对它展开分析，而对其产生进行系统研究的文献几乎没有。

经济学研究的范畴有三部分，第一是在知道有关的局限条件（constraints）或游戏规则（即产权制度或人与人之间的权利划分）的情况下，我们可以推断所用的竞争准则（除了市价，还有排队轮购、等级排列、论资排辈等）是什么。第二是有了竞争的准则，经济学可以推断人的行为、资源的使用、财富或收入的分配会如何。这是经济学最容易的一部分了，即资源使用（resource allocation）与收入分配（income distribution）这两大项目。第三是最困难的，就是要解释产权制度或游戏规则是如何形成的。比如为什么世界上会出现共产主义制度？为什么中国曾出现人民公社？哈耶克（F. Hayek）是第三个范畴的代表。

从经济学的范畴来讲，现代合作性金融制度的产生问题属于经济学研究范畴的第三类，定性非常困难，研究者寥寥，国内现有研究中描述、介绍性内容较多，系统科学的研究偏少。岳志（2002）的《现代合作金融制度研究》对合作性金融的产生有所涉及，但主要是背景介绍，没有系统的阐述。并且，其在讨论合作社制度产生的原因时运用的是马克思剩余价值理论，导致其对合作性金融制度的产生原因的背景介绍是不准确的。不过文中提到资本主义生产方式中产生的工厂制度和信用制度为合作社的产生提供了制度资源的看法值得借鉴。苏彤（2009）从交易成本、经济效率、专业分工三个方面分析了合作性金融存在的合理性、可行性与必要性，这种分析对于传统合作性金融也是适用的，但没有指出现代合作性金融产生的现实局限条件。王涛（2010）运用新制度经济学的基本原理对“合作社七原则”进行分析，论述了合作性金融组织产生的微观基础，也未真正阐述合作性金融制度的产生问题，即为什么出现现代意义上的合作性金融这样的制度安排，没有回答关键的局限条件转变是什么。

1.2.3 现代合作性金融制度及其发展研究

对于现代合作性金融制度的研究主要集中在产权制度、治理结构、组织形式、经营管理制度、经营效率和分配制度等几个方面。

1.2.3.1 产权制度

马忠富（2001）认为信用合作社的产权制度是一种复合型产权制度。马忠富对目前国内外理论界关于合作社产权制度的多种观点进行了分析。一是私有产权说：合作社的产权结构是以个人为核心的，实质是私人产权；二是“二元所有、一元经营”的产权制度说：合作社在产权和管理制度上，实行个人所有与集体所有相结合的所有关系，实行社员集体占有、使用的经营关系；三是集体产权制度说：合作社由联合起来的劳动者共同筹资，共同占有和使用生产资料，共享劳动成果，应是劳动群众的集体所有制。刘岩、仲晓天（2000）和张贵乐（2001）也认同合作性金融是复合产权制度。岳志（2002）对复合产权制度的形成原因进行了分析。他认为合作性金融原产权制度是合作金融组织对股金大体均等的个人所有。但这一基本制度在实践中呈现出两个缺陷：一是信用合作社股金采用较低的出资额并有最高额的限制，这就使得信用合作社的资本金较其他企业弱；二是信用合作社的自愿进出原则，允许社员退社时撤走其投资，使得信用合作社的核心资本处于不稳定状态，内生地要求产权制度的调整和变革。这种内在变革运行的结果是在原生的产权制度之外衍生出一些新的内容：股金上限制度和退社自由制度的调整，修正和完善了单纯的、机械的均等共享、自由进出的理念，是合作制的理想与现实的一种务实结合。由此，合作社在不断发展的过程中，就逐步积累起一笔产权不直接属于社员个人而属于合作社社员集体所有的资金，这一资金在合作社的长期发展中起着重大作用。因此，从再生产角度考察信用合作社，其产权制度就是个人所有的股金制度和集体所有的公积金制度的集合。

通过对现代合作性金融产权制度相关文献研究，笔者发现这些文献大部分把产权制度理解为所有权制度，体现了文献作者对产权这一概念的掌握不够深入。产权可以分为四种权利，即所有权、使用权、收入权和转让权，仅从所有权的角度去研究合作性金融产权制度是比较片面的。即使有学者（如岳志）关注到合作性金融机构对合作社股金在使用及退出方面的限制，涉及除所有权外资产的其他权利问题，但其对资产的概念的认识仍然是片面的，对于信用社资产的认识只限于股金，没有认识到所有能带来收入的“经济物品”都是资产，不管有形或者无形，如美貌、信誉、动听的声音、思考的能力、丰富的知识等。

1.2.3.2 治理结构与组织形式

丁为民（1998）认为西方各合作社内部的治理结构基本框架是大体相同的，即社员大会负责合作社的战略管理，经理（或非正式领导）负责日常的生产经营管理，社员负责最终实施经理的决策。如果进一步拓宽研究视野可看到，西方各合作社内部的治理结构实际上又是各不相同的，治理结构与其管理制度基本模型是相一致的。

岳志（2002）认为合作金融企业的治理结构随其规模大小而有较大差异，一些规模较小的乡村信用合作社直接由社员大会选出经理或经理班子，有些甚至连经理都不设（实际上有非正式负责人），一些跨国经营的大合作银行，则设有社员大会、理事会、监事会、职工大会等完备的架构，并实行严格的委托、授权机制。但一般来说，合作金融企业的治理结构是大体相同的，即社员大会负责信用社的战略管理，经理负责日常经营管理，社员负责实施经理的决策。

中国人民银行代表团的考察报告（2002）将法国模式归结为“混合治理结构”：在机构功能上，集政策性金融机构、商业银行和合作制于一身；在业务分布上，既从事零售银行业务（包括法国本土和境外的银行业务、租赁和保险业务），也从事资产管理和私人银行业务，还涉足批发业务（包括资本市场工具交易和股权投资），甚至经营房地产、咨询和信息产业；在内部管理上，既有合作金融组织的社员参与决策权，也实行了严格的商业银行纵向管理，甚至经历了总行从国有单位转化为上市公司的转制过程，因而体现了所有权和经营权多样化分配的格局；在资金控制权上，既存在对政府政策性资金的分配（国家贴息贷款），也实行“地区行—营业所”的商业银行信贷审批权限分割，还充分保证社员的审贷权利。

张远军（2005）认为建立和完善农村合作金融治理结构，就是建立决策、执行、监督、激励相结合的内控机制。它主要体现为自我约束的一种自律行为，是为完成既定的工作目标和防范风险，对内部各职能部门及其工作人员从事的业务活动进行风险控制、制度管理和相互制约的方法、措施和程序。

关于组织形式，国内学者的研究主要是介绍合作性金融体系中几种代表性的组织制度，如以德国为代表的单一的“金字塔式”合作金融体系；以美国为代表的“上虚下实”型多元复合式合作金融体系；以日本为代表的附属于“农协”的合作金融组织体系；以法国农业贷款银行为代表的“上官下民”式合作金融体系。

1.2.3.3　经营管理制度

关于经营管理制度，学者们有一个基本上一致的观点，那就是经营管理制度是由产权制度决定的。刘岩（2000）、张贵乐（2001）、马忠富（2001）均认为经营管理制度是由产权制度决定的。这种产权制度呈现出三个主要特征：第一，它的产权主体是个人而不是集体或整体，称之为产权主体的个体性；第二，合作金融组织的每一个成员（而不是部分人或少数人）都拥有一部分财产的所有权，称之为产权主体的普遍性；第三，所有权主体对其客体的拥有量是受到限制的，其下限是个人进入合作金融组织的进入费，其上限是各合作金融组织规定的认购股金的最高限额。这就是说全体成员对他们在合作金融组织的财产拥有一个确定的分布区间，对此称之为产权客体的均齐性。在实践中，正是上述产权特征形成了合作金融特有的管理制度：产权的个体性要求确保个人而不是法人对其财产的管理权；产权主体的普遍性要求所有成员而不是少数人或部分人对其财产具有管理权；产权客体的均齐性要求每个成员拥有相同的管理权。合作金融产权的上述要求在合作金融组织内部的整合，就形成了其特有的管理制度框架：以一人一票为基础的集体管理制度。这种管理制度要求合作金融组织的全体成员集体拥有对其全部经济活动的支配权和控制权，在实质上体现了合作金融组织每一位成员享有平等的管理权，反映了他们之间的平等互助关系。从管理的内容看，在合作金融组织中，管理者同时以被管理者的身份出现，被管理者同时以管理者的身份出现。实际上，这体现的是合作金融自我管理的制度特征。

1.2.3.4　经营效率

岳志（2001）认为金融制度效率准确地说是指某种金融制度的收益与

该制度的运行成本之比。用公式表示为：

金融制度效率 = 金融制度的收益/金融制度的运行成本

在一定收益的条件下，交易费用高就意味着低效率；交易费用低就意味着高效率。他运用交易费用的相关理论，以商业银行为参照物，论述了合作金融制度在农村金融市场和城市部分金融零售市场中仍具有相对效率优势，合作金融作为一种制度形式在金融体系中仍具有广阔的发展空间。

马忠富（2001）从制度绩效的视角分析经营效率，认为经济绩效作为经济组织对社会生产力的适应和作用能力指标，从根本上决定了经济人对组织的态度或组织存在的根据，决定了经济组织的竞争力或生命力。信用社的制度绩效，主要指信用社发展运行过程中所涉及到的制度安排各方面实际运行的绩效。由于信用社股金制度决定了信用社的管理制度和分配制度，因此股金制度对信用社的整个经济绩效都有着直接或间接的影响。他认为合作性金融机构的公积金制度是以牺牲信用社眼前的某些效率而实现其长期稳定发展，即更多地表现在维护信用社长期稳定发展方面，而不是表现在实现信用社现期产出和效率最大方面。

1.2.3.5 分配制度

刘岩（2000）认为合作性金融的复合产权制度决定了其复合的分配制度。合作金融的分配制度不是单一的而是多重的。在这种复合的分配制度中，按社员个人实际完成的业务量分配在其中居主体或支配地位。合作金融分配制度的基本框架概括为：以按实际业务量分配为主的复合分配制度。马忠富（2001）认为分配制度是对剩余权的规定，不同的剩余权必须以不同的初始产权为前提。合作制的基础是“剩余分享”，其产权结构的特点是剩余索取权不可转让，企业成员每人拥有不可交换的剩余索取权，导致合作社缺乏激励机制。但剩余索取权的不可转让和经理人员缺乏刺激机制，使合作企业制度成为企业规模扩大的制度障碍。按资本分配意味着公司价值的增殖部分归原有股东享有，是事先确定的，而按交易额分配意味着剩余索取权的分配是事后按交易额确定的。信用社和其他合作社一样，实行根据交易额（存款或贷款额）按比例返还利润，同时坚持社员以股金所有者的身份进入经济剩余的分配，实行的是一种以股金红利和交易额返还利润的混合分配方式。

1.2.3.6　现代合作性金融制度的发展问题

除了以上相关的研究领域，还有学者研究现代合作性金融制度的发展模式问题①。这个问题实质上是在以上关于现代合作性金融的组织体制、管理体制、所有权属性进行划分的基础上，再加上业务范围、规模、服务对象是否受政府支持等不同要素进行划分。这样，不同国家会有不同的发展模式，这种研究属于特殊理论，不具有一般性的解释力。

苏彤（2009）考察了现代合作性金融制度发展的路径，指出合作性金融制度的发展存在三种路径：以德国和美国为代表的内生式自然演进路径，以法国和日本为代表的外生型变迁路径以及以印度为代表的混合式发展路径。这是对现象的描述，其将发展路径变迁的根本原因总结为：独特的产权结构；一人一票制；成员之间存在利益冲突；共同组带要求；公积金累积制；外部控制体制缺位。这其实犯了以事实解释事实的逻辑谬误，这些所谓的根本原因事实上也是需要用理论解释的现象。

1.2.3.7　小结

从对现代合作性金融制度研究的文献梳理可以看出，现有研究由于对产权与产权制度概念的理解缺乏深度而把合作性金融治理结构与组织形式、经营管理制度、分配制度看成与产权制度不同的制度领域进行研究，尽管大部分学者都认识到这些制度领域与产权制度息息相关，甚至由产权制度决定。如果从一般化的资产概念出发，加上产权分为所有权、使用权、收入权与转让权，那么不管是治理结构与组织形式，还是经营管理制度与分配制度，都是产权制度的一部分。

另外，笔者对在经济研究中进行效率分析持保留态度。在经济学里的效率分析一般集中在“福利经济学”的分支里。笔者认为，福利经济学中的所谓“浪费”与“无效率”分析的失误在于忽略了或遗漏了一些关键的

---

① 可参见中国人民银行四川省分行课题组：《中国合作金融问题研究》，《四川金融》，1998年第12期，第18～22页；何广文：《合作金融发展模式及运行机制研究》，北京：中国金融出版社2001年版。

局限条件，而经常被遗漏的局限条件就是交易费用。只要把一切局限条件考虑在内（尤其是交易费用的局限条件），所谓的“帕累托最优”不可能达不到，也不会有所谓“非均衡”的情况出现，也就是不可能有所谓的“无效率”或“浪费”的情况，任何资产的价值在现有的局限条件下一定已经达到最高。交易费用的存在使得一些看起来是非均衡的情况其实是均衡的，这与物理学里存在着摩擦力非常相似。在进行经济分析时，正确的思路应该是，如果出现“非均衡”的情况，我们应该去考虑分析时漏掉了什么局限条件。对于经济研究，“非均衡”的分析不能做，但“非均衡”的概念可以作为一种查漏关键局限条件的工具来协助我们理解理论与解释事实。

需要特别指出的是，经济学中的成本是机会成本，这是最基本的一个经济学概念，但很多学者作经济分析时总是把历史成本当成本来分析，错漏明显。历史成本不是成本，成本一定要往前看，是一种预期。学过经济学的人都知道，人们是根据机会成本来做出选择的，成本是要放弃了的最高收入，没有选择就没有成本。在时间机器没有被发明出来以前，人类都不能选择回到过去，重新再选。既然如此，已经付出的成本就是覆水难收，对目前的选择没有影响了。人们在做出选择之前，如果把选择无限细化，即把一切机会成本（包括交易费用）都考虑在内的话，根据“成本是放弃了的最高收入”的定义，收入与成本将无限接近，最优选择的成本就是它的收入，收入将都是成本，收入与成本一样，也是预期的，收入减成本计算出来的所谓的“利润”或“超额利润”是不可能存在的，这就是经济学中的“零利润定理”。

所谓“零利润定理”体现在现实中，就是整个社会各个行业的所有生产者获得的都是相同的所谓利润率。试想，某人从事一个行业，就是放弃了从事其他行业所能获得的收入，因此其他行业的利润率是他从事这一行业的机会成本。如果他获得的利润率低于别人，他其实已经是亏损的，应该转行；如果他获得的利润率高于别人，那别人是亏损的，他们会转行进来与此人竞争。如果你认为某些行业或企业的利润率就是明显比别的高，那么你可能是把租值错误地当成了利润，或者你可能少考虑了局限条件。有些行业风险很高，所谓“三年不开锅，开锅吃三年”。看似奇高的利润，其实是“风险贴水”，是为了弥补他承担奇高的风险而给予的补贴，不然不会有人愿意从事这种行业。

收入都是成本，只是一部分表现为人们看到的选择的成本，另一部分表现为人们没有看到的选择的成本。为了区分看到与没看到的选择，把前者直接称为“成本”，把后者称为“租值”，但本质上它们都是成本，也都是收入。所以租值既是收入，也是成本，只是看问题的角度或方式不同而已。对经济学中很多概念深入思考，会发现它们是相通的。传统教科书中用“利润”来称呼收入减成本的数值是不够确切的，严格来说应该用“租值”来称呼才确切。经济学中收入最大化、成本最小化与租值最大化是同一回事。如果人们将面临的选择无限细分，租值最大化时的租值等于零，也就是非负即为最大。那什么是盈利呢？盈利是指实际获得的收入减去（机会）成本的数值。前面提到，收入和成本都是预期的，不是实际发生的数值。在没有作出选择之前，人们预期未来，就是预期收入与成本，二者相减求得租值，然后根据租值最大化的原则作出选择。当选择已经作出，实际发生的收入与本来预期的成本相减求得的就是盈利，也就是它是意外（预期之外）的收入。需要注意的是，这个意外的收入有可能是负的。然而，选择一旦作出，那就覆水难收，实际发生的收入与历史成本一样，不再影响人们接下来的选择①。

如果有人分析认为合作性金融制度的效率没有商业性金融制度的效率高，那是因为出现了“非均衡”情况。出现“非均衡”，一定是分析漏看了一些局限条件，特别是有些交易费用的局限条件。岳志（2001）用公式“金融制度效率 = 金融制度的收益/金融制度的运行成本”来定义金融制度效率，根据笔者前文的分析，合作性金融制度的效率与商业性金融制度的效率应该相等。

1.2.4 现代合作性金融功能研究

关于合作性金融功能的理论研究不多。从功能观的视角来看，某种金

① 书中关于成本、收入、租值、盈利的阐述散见于李俊慧：《经济学讲义》，北京：中信出版社2012年版。该书有上下两册。

融机构的存在及某种金融形式的发展源于其承担的金融功能的需要。作为金融体系的组成部分，合作性金融与商业性金融和政策性金融一样，具有一般性的金融功能，但它的存在和发展说明，除一般功能外，合作性金融还具有其他两个金融族类所无法替代的特殊功能。

1.2.4.1 合作性金融的一般功能

根据 Merton 和 Bodie（1995）的金融功能观，合作性金融机构具有如下六种基本功能：资源的时空转移功能、支付与清算功能、资源聚集和分配功能、风险管理功能、（价格）信息提供功能、解决激励问题功能。

我国著名学者白钦先（2005）进一步深化了金融功能研究，根据金融功能所处的不同层次，也按产生时间上的先后顺序，把金融功能划分为四个具有递进关系的层次：基础功能（服务功能、中介功能）、核心功能（资源配置）、扩展功能（经济调节、风险规避）和衍生功能（风险管理、信息传递、公司治理、财富再分配、引导消费）。合作性金融机构具有一般金融组织的属性和特征，同样具备基础、核心、扩展和衍生四个层次的功能。

1.2.4.2 合作性金融的特殊功能

苏彤（2009）把合作性金融的特殊功能总结为如下四个方面：

1）附属性功能

这一功能指典型的合作性金融机构不同于商业性金融机构或政策性金融机构，其机构自身的目标是附属性或次要的，而其成员的目标或利益是首要的。成员利益最大化是机构的根本目标。

2）互助性功能

合作性金融是其机构社员内部自发地相互扶助、相互融资的行为，其最突出的特点是互助互惠性功能，而不是追求利润最大化。

3）补充性功能

合作性金融是金融体系不可或缺的组成部分，但从机构或行业规模看，合作性金融只能作为商业性金融的补充，合作性金融的非盈利特征也决定了其业务规模很难与商业性金融相抗衡。另外，合作性金融主要服务于商业性金融主流群体以外的客户。这些都决定了合作性金融的补充性功能特征。

4）金融稳定性功能

从合作性金融发展历史看，合作性金融机构在历次金融危机中很少出现严重的问题，这说明合作性金融独特的经营理念和运行机制有助于其金融稳定性。

这四个方面的特殊功能是包括传统合作性金融的功能在内的，我们还需要考虑现代合作性金融的特殊功能问题。

1.3 本书的理论基础

1.3.1　一般合约理论

1.3.1.1　经济学的范畴

经济学研究的范畴有三部分[①]，第一是在知道有关的局限条件或游戏规则（即产权制度或人与人之间的权利划分）的情况下，我们可以推断所用的竞争准则（除了市价，还有排队轮购、等级排列、论资排辈等）是什么。第二是有了竞争的准则，经济学可以推断人的行为、资源的使用、财富或收入的分配会如何。这是经济学最容易的一部分，即资源使用与收入分配这两大项目。在私有产权的制度下，决定谁胜谁负的准则是市价，价格决定什么因而比价格是怎样决定的重要：因为通过竞争的胜负选择，资源使用与收入分配就被市场决定了。第三是最困难的，就是要解释产权制度或游戏规则是如何形成的。比如为什么世界上会出现共产主义制度？为什么中国曾出现人民公社？哈耶克（F. Hayek）是这个第三个范畴

① 此处对经济学范畴的概括参见张五常：《经济解释（卷一）：科学说需求》，北京：中信出版社2010年版，第104页。

的代表。

1.3.1.2 一般化的资产与产权概念

一般合约理论使用欧文·费雪（Irving Fisher，1867—1947）一般化的资产与资本概念。费雪的一个重要贡献，是把资产与资本的概念一般化。费雪认为，凡是可以产生收入的都是资产，而收入折现后的现值是资本，也是资产的市场价格。土地是资产，劳动力是资产，知识是资产，医生牌照是资产，相貌是资产，家庭是资产，等等。这些都会带来收入，把收入以利率折现就是资本。所以在费雪看来，所有生产要素都是资产，包括劳动力，这和一般经济学教材劳动力归劳动力，资产归资产不同。

“产”这个字的英文是 property。从经济学的角度解释，property 是有竞争性的经济物品。这与法律上的定义稍有区别。法律上，property 一般是指资产（尤其是地产或房产）；但在经济学上，其义不仅包括资产，消费物品也算在其内。消费品与房地产的共同之处是二者都缺乏，在社会中都有竞争性，都是经济物品。①

经济学有一个基本的假设（其实是事实），即资源是有限的，因资源缺乏而引起的竞争和任何比赛项目一样，是要有一定规则约束的。从经济学的角度看人与人之间日常的竞争，有关的规则就是法律、规章、道德、习俗等。正如体育比赛的规则一样，这些规则有约束性，指定竞争者在某种情形下不能有某种行为。这也是说，在社会的经济竞争中，无论是法律、规章、道德或习俗，都是以有约束性的办法来界定人与人之间的权利。这种权利界定就是产权制度。产权制度（System of Property Rights）是竞争的游戏规则，也就是约束竞争行为的一种局限条件（张五常，2010）。我们熟

---

① 在经济学中，“物品”的定义是有胜于无。“物品”是从英语“goods”这个词翻译过来的。这一词有广泛的含义。它不仅可以解释为产品（product）或商品（commodity），也包括服务（service）、友情、声望、空气、清洁、幽静、爱人、爱，等等。凡是有胜于无的东西，不管有形还是无形，都是物品。而在有胜于无的物品中，有一大部分是多胜于少的，多一点比少一点优胜。“多胜于少”是经济物品（economic goods）的定义。需要注意的是“胜”在这里没有主观或价值观的内容，是客观的。不是经济物品的其他一小部分物品是免费物品（free goods），如空气。但要说明的是，如果在人烟稠密地区，空气污染严重，要多一点新鲜空气就变得很现实了，在这种情况下，新鲜空气就不再是免费物品，而是一种经济物品。

悉的私有产权（Private Property Rights）只不过是其中一种。产权的出现有两个条件：一是资源的稀缺；二是人与人之间的竞争。在小说中鲁滨逊的一人世界即使资源有稀缺的情况，也没有产权这个问题。产权包括四种权力：所有权、使用权、收入权和转让权。所有权在经济学中不是那么重要，这是说在协助生产方面是不重要的，其他三项权利界定清楚就可以。但从政治的角度看可能是重要的，这是说在维护权力①方面可能是重要的，特别是在人类科技发达之前的时代。中国的经济发展也证明从生产的角度看所有权是不重要的，国家保持土地的所有权对经济发展不会有不良影响。香港在回归祖国之前，除了三小块土地外，所有香港的土地皆属"皇家"所有。土地所有权的用处应该主要在协助维护权力方面，不论是中国的习俗还是西方的司法程序，持有土地所有权是权力的保障。其他三项权利对于经济发展来说都非常重要。使用权与收入权界定不清在竞争下会产生租值消散。转让权重要，因为交易要有转让权的容许才能达成。"清晰的产权界定是市场成交的先决条件"，这是科斯定理的一个版本②，表达了同样的内容，"清晰的产权界定"就是要界定清楚使用权、收入权与转让权。西方学者关于产权的研究有一点是共同的，那就是产权是一组权利束，我们可以把它分解成多种权利并呈现出一种结构状态（刘伟和李风圣，1998）。本书中将提到的产权结构指的就是使用权、收入权与转让权三权的分配与安排。现实中我们看到合约安排中的使用条款、收入条款、加入与退出合约的安排体现的就是产权结构。

1.3.1.3　一般合约理论：从合约的角度看产权制度

一般合约理论由张五常（2014）提出。该理论认为，由于资源的缺乏，

---

① 注意此处是"权力"不是"权利"。

② 科斯定理有多个版本。其第一个版本是：权利界定是市场交易的必要前提。科斯定理的第二个版本是：有了明确的权利界定，在市场交易下资产的使用会带来最高的资产价值。科斯定理的第三个版本普遍见于一般的经济学教科书，内容为：权利只要明确地界定为私有产权，不管最初界定给谁，在交易费用为零的条件下，市场交易的结果最终都是一样的。目前流行的教科书一般只介绍第三个版本（所谓的"不变定理"），这主要是受到斯蒂格勒（George Joseph Stigler）在其《价格理论》中介绍科斯的这个思想时，将之命名为"科斯定理"的影响。其实，科斯本人从来没有在著作论文中明确地作出这个版本的表述。参见李俊慧：《科斯定理的三个版本与权利界定》，《学术研究》，2015年第9期，第89～94页。

竞争一定要受到约束，没有约束的竞争会使有价值的资源因为竞争费用和成本的提升，或资源得不到物尽其用而导致其价值贬值，用经济学的术语来说就是租值消散，而这些对竞争的约束可以看为合约的安排，这是从另一个角度看产权制度。① 私有产权、论资排辈、管制规例、习俗宗教等，皆可以看为广义的合约安排，因为这些约束是社会中人与人之间需要互相遵守的规则，无论是自愿的还是被迫接受的。合约的存在不一定要有市场成交，但必定意味着某些权利的交换。从合约的角度看约束竞争是个重要的视角，因为产权的概念往往过于抽象，比较而言，合约的角度则可以直接涉及可做不可做的方方面面，更直观更好理解。

合约的安排涉及产权的分配即产权结构。产权包括四种权利：所有权、使用权、收入权和转让权。四权中转让权非常重要，转让权的存在是市场合约出现的一个先决条件，而且人与人之间的资产转让权的存在必定包含着该资产有私有的使用权与收入权（但倒转过来就不一定成立，资产有私有的使用权与收入权不一定包含着转让权）。合约要从权利的局限看，所有权不重要，转让权重要，因为合约要有转让权的容许才能达成。那么究竟转让些什么呢？无非是使用权和收入权，这就是合约的结构了，即收入条款和使用条款，实质上是产权的分配。如果收入权、使用权、转让权三权一次性买断，界定给一个人，则合约无结构。在约定的期限内，合约结构针对的永远是使用权的转让与界定，以及收入权的分配。资源的使用与收入的分配是经济学传统的两大项目，可惜这一传统由于漠视了合约的结构而变得漏洞百出。

从合约安排的角度看制度，制度就是合约的安排，这种安排是选择的结果。合约或制度的转变源于局限条件的转变，尤其是交易费用或称为制度费用这种局限。合约或制度的选择也是局限转变约束着的适者生存。而研究制度的发展或变迁其实就是研究什么样的局限条件变化导致了合约安排发生变化，为什么这样的局限条件能产生合约安排的变化，背后的规律是什么。

---

① 一般合约理论也可以称为合约的一般理论，英文是 A General Theory of Contract。

1.3.2 三维金融架构下的合作性金融理论

1.3.2.1 三维金融架构的内涵及特征

“三维金融架构”是近年来由我国著名资深金融学家白钦先教授提出的最新金融理论成果。该理论认为，对于现代市场经济的国家或经济体，商业性金融、政策性金融、合作性金融这三者相互联系、相互影响、相互补充，本质却由不同的金融组织形态或金融资源配置方式共同构成整个金融系统架构，应是一国或一个经济体重要的基础性金融制度安排。这三种金融组织形态，从行为意义上来说，各自都有着悠久的历史和丰富的思想支持，但作为一种稳定的组织形态①，却是伴随着近代工商业资本主义的发展而陆续形成的，并最终展现为三维的、稳定的金融架构（白钦先和文豪，2013）。

三维金融架构强调的是商业性金融、政策性金融与合作性金融三者的相互合作，相互补充与相互影响，强调的是三维的、稳定的架构，而不是简单三方面的并列，强调的是三者彼此相互依存、相辅相成。

这三种金融族类在各国金融体制中的地位与作用是不同的。在现代市场经济条件下，商业性金融是处于主体地位，在微观金融资源配置中起着基础性的主导作用；政策性金融与合作性金融为两翼，起辅助作用，前者在宏观金融资源配置中发挥整体性调控作用，后者在微观金融资源配置中起重要的基础性补充作用。但在特定产业、特定区域，政策性金融或合作性金融的地位和作用可能会超越商业性金融。这三者需要在经济发展过程中协调配合才能实现金融资源的可持续发展。

三维金融架构将金融视为商业性金融、政策性金融和合作性金融三大族类的有机整体，它们相互联系，相互影响，共同构成一国或一经济体的基础性制度安排，缺一不可。这种观点打破了长期以来单一的金融类别的思维惯性，这在国内外金融理论发展史上都是首次提出，是对金融基础理论的扩展与提升，是金融基础理论的创新，是研究经济金融问题的新视角。

三维金融架构对我们看待一国或一个经济体经济、金融发展具有宏观性

---

① 具有稳定组织形态的合作性金融就是本书研究的现代合作性金融制度。

的指导意义，是一种顶层设计。三维金融架构理论明确指出商业性金融、政策性金融与合作性金融是现代金融系统不可或缺的三种基本的资源配置方式，侧重自上而下从宏观层面对金融进行研究，是具有大局观与整体论的金融观。

另外，三维金融架构理论侧重于综合地、系统地运用哲学、人文、历史与经济社会多种视角研究问题。白钦先教授坚定地认为金融是有历史的，有文化内涵的，有民族特征的，金融学是一门人文学科。在人文学科中，数学是一种根据研究需要而采用的工具，但绝不是人文学科的“思维”。运用哲学的、人文的、历史的与经济社会的多视角综合分析，从世界经济金融漫长的发展历程中概括其最一般的、稳定的本质性特征和相互关系是该理论在研究方法上给我们的启示。

1.3.2.2　三维金融架构下合作性金融不可或缺不可替代

三维视角的合作性金融不排斥商业性金融是金融资源配置的主体，商业性金融在金融体系中占主导地位。但是合作性金融可以在微观金融资源配置中起着重要的基础性补充作用，在特定领域、特定地区、特定产业和特定行业，在市场机制作用的盲区，典型的是农业、农村、农民以及像中小企业、城市个体工商业者等社会的一般弱势群体，合作性金融可以发挥基础性的支持作用。三维金融架构首次将合作性金融作为金融一般族类，并把它提高到与商业性金融、政策性金融对称、平行的高度来体现其重要性，这是对合作性金融、合作制地位与价值长期被低估的矫正，具有极强的现实针对性。

合作性金融能够较好地解决商业性金融信贷配给难题。“三农”、中小企业等弱势群体由于自身信誉较低、资金实力较差、单笔业务量小、面临的风险较大，商业性金融为了规避风险会对它们进行更加严格的信贷配给。然而基于“自愿、互信、合作、自治、互助”的合作性金融，可以以合作解决信息不对称问题。

合作性金融能够解决政策性金融极易产生的功能越位难题。政策性金融功能的有效发挥取决于政府干预的适当性，如果政府过度干预，可能会出现资源的扭曲配置。合作性金融强调市场主体的自发行为，在一些弱势群体中通过成员之间的互助，能够很好地实现弱者的成功联合，而又不像政策性金融那样带有强烈的政府干预。

因此，合作性金融的缺失将加剧信贷配给约束，农业、农村、农民以及中小企业等“强位弱势群体”会更难得到充足的金融支持，不利于经济发展和社会稳定。另外，合作性金融的缺失，将破坏三维金融制度的整体稳定性，畸形的金融制度必将导致畸形的资源配置。因此，合作性金融是一国经济金融制度中的一项基础性制度安排，不可或缺，不可替代。

1.4 基本思路与研究方法

本书以一般合约理论和三维金融架构下合作性金融为理论基础，综合运用多种研究方法对现代合作性金融制度一般问题展开论述，包括现代合作性金融制度的产生、变迁及功能，以期对我国新型合作性金融组织的发展和现代合作性金融体系的重构重建提供理论指导与经验借鉴。本书首先梳理国内外现代合作性金融制度研究方面的相关文献，为相关理论研究提供基础。然后对本书分析的理论基础进行概要介绍，接着分别对现代合作性金融制度的产生、变迁及功能进行研究，即研究现代合作性金融制度是如何形成的，产生初期面对的关键局限转变是什么，研究现代合作性金融制度变动的一般规律，并进行理论分析，研究现代合作性金融的一般功能和特殊功能，对其存在进行现实认定。最后，本书在反思与借鉴的基础上对我国合作性金融体系的重构重建提出建议，并对我国合作性金融在城市化建设中的功能进行展望。本书技术路线图见图1-1。

本书综合运用多种分析方法对现代合作性金融制度进行研究，以期获得最好的研究效果。

1）文献研究法

本书运用文献研究法，通过对文献的梳理对现代合作性金融制度的研究现状进行把握，并在此基础上确定本书的研究重点与范围。另外，本书对文献的梳理、分析、比较贯穿始终。

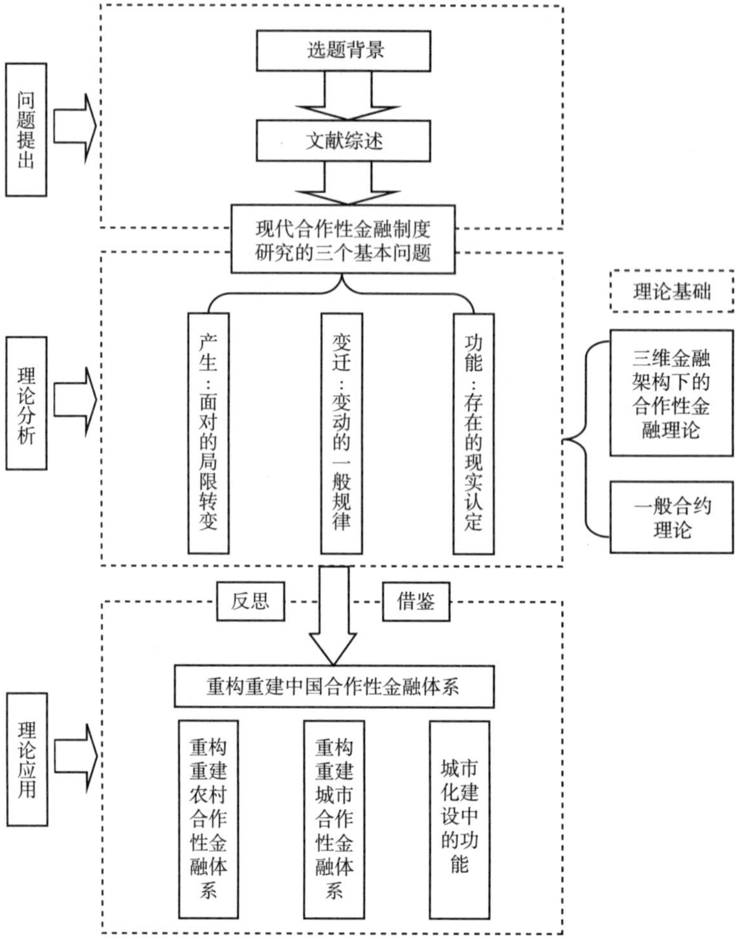

图 1-1　本书技术路线图

2）边际分析法

边际分析法是经济学的一个基本分析方法，“边际”即变化，即通过分析局限条件的变化来解释经济现象。解释经济现象不需要看总量，只需要看边际量，即边际（边缘）上的变化。本书运用边际分析法的典型例子就是分析现代合作性金融制度的产生及其变迁。本书通过分析社会经济发展的条件变化找到现代合作性金融制度产生的关键局限，解释了该制度的产生问题，也通过同样的方式在总结现代合作性金融制度变迁一般规律的基础上对其进行理论分析。

3）定性分析法

定性分析法是对研究对象进行“质”的方面的分析。具体来说就是运用归纳与演绎、分析与综合以及抽象与概括等方法，对获得的各种材料进行思维加工，从而能去粗取精、去伪存真、由此及彼、由表及里，达到认识事物本质、揭示内在规律的目的。例如，本书运用定性分析法对合作性金融的概念进行重新界定，更能反映合作性金融的本质。

4）定量分析法

定量分析法指通过对研究对象的规模、范围、程度等数量关系进行分析研究，认识和揭示事物间的相互关系、变化规律和发展趋势，借以达到对事物的正确解释和预测的一种研究方法。例如，本书通过对欧洲国家现代合作性金融与非合作性金融在2008年全球金融危机前后几个关键指标的比较来验证现代合作性金融的金融稳定性功能。

5）实证分析法

本书对实证分析法的运用主要体现在对现代合作性金融的金融稳定性功能的分析上。

6）历史分析法

经济学是一门研究真实世界发生的经济现象的科学，经济学者需要对真实世界发生了什么有深入的了解。历史分析法是运用发展、变化的观点分析客观事物和社会现象的方法。分析和解决某些问题的时候，只有追根溯源，弄清它的来龙去脉，才能提出符合实际的解决办法。本书研究现代合作性金融制度的产生、发展及我国现代合作性金融的发展与重构，对历史分析法的运用广泛而深入。

1.5 本书创新点与不足

本书与以往研究相比在以下几个方面有所创新：

第一，较为系统、科学地阐述了现代合作性金融制度的产生问题，找到了现代合作性金融制度产生的两个关键性局限转变。另外，本书通过引入欧文·费雪一般化的资产与资本概念，重新界定了合作性金融的本质。

第二，通过对几个典型国家现代合作性金融制度发展的资料梳理，特别是对其最新发展情况的分析，推翻了部分现有研究成果或观点。在此基础上，运用比较静态分析的方法研究现代合作性金融制度变动的一般规律，而且对于一般规律的理论分析更为抽象和深入，也因此具有一般性的解释力。本书也对政府介入与退出现代合作性金融发展的规律进行了深入的理论分析。

第三，较为系统地研究了现代合作性金融的功能，特别指出了其不同于其他金融族类的金融稳定性这一特殊功能，并进行了理论分析。

第四，更为深入地分析了我国农村信用社未走上合作性金融道路的原因，并在反思与借鉴的基础上对我国合作性金融体系的重构重建提出建议，特别强调了我国城市合作性金融重构重建的重要性。

本书的不足之处主要有以下几个方面：

第一，研究制度的变迁对制度发展细节的了解要求极高。由于受时间的限制及资料收集困难，本书只以德国现代合作性金融制度的发展为例对现代合作性金融制度变迁的理论假说进行验证分析，后续可以其他国家为例进行进一步验证。

第二，对于现代合作性金融功能发挥的机制研究还需要进一步的理论抽象，目前的论述缺乏理论深度。

第三，限于时间及数据获取的困难，本书只对现代合作性金融制度安排对合作性金融体系自身的金融稳定性功能进行了实证检验。其实一个合理的推论是：现代合作性金融也具有金融系统的稳定性功能。而且现代合作性金融这一特别的金融资源配置方式，增加了金融体系产权结构的多样性，而系统的多样性是系统稳定的一个前提。后续可以对现代合作性金融的系统稳定性功能进行验证分析。

第2章　现代合作性金融制度的产生研究：面临的局限转变

三维金融架构理论认为，商业性金融、政策性金融和合作性金融三种金融组织形态，从行为意义上来说，各自都有着悠久的历史和丰富的思想支持，但作为一种稳定的组织形态，却是伴随着近代工商业资本主义的发展而陆续形成的，并最终展现为三维一体的稳定的金融架构。现有研究基本上都是把现代合作性金融作为一种既定事实，并在此基础上展开分析的，对于现代合作性金融产生的关键性局限条件进行系统科学的研究文献目前还是空白。根据三维金融架构理论，现代合作性金融制度的产生一定是因为商业性金融和政策性金融不能满足现实的需要。如果这么回答，只能是一种套套逻辑。我们需要回到现代合作性金融制度产生的时代，考察其产生前后的经济、金融、社会等发展状况，找到其产生的关键性局限条件，才能解释该制度的产生。本章将从三维金融架构的视角，并结合一般合约理论来系统论述现代合作性金融制度的产生问题。不过，在进入正题之前，笔者认为有必要对传统合作性金融进行一个简要的介绍，并对“传统”和“现代”合作性金融进行界定。

2.1　传统合作性金融概述

2.1.1　传统合作性金融组织的形式

民间在金融方面有自发的、有组织的合作，历史悠久，地域分布也十分广泛，不仅在我国长期存在，在世界其他国家也长期存在。多样的合作金融组织形式，不仅在古代存在，即使在金融制度高度发达的现代社会，它仍然保持着持久的生命力。

2.1.1.1 我国民间的合会组织

合会是我国民间的传统合作金融组织，是自发的、松散的联合，全国各地都存在，但称谓很不一致。太湖流域大部分地方俗称“合会”或“蟠桃”，也有称“集会”或“做会”的；山东和江苏的北部各地，叫作“请会”“聚会”或“集会”；安徽、江西、湖南和广东叫作“打会”；浙东称“纠会”；湖北称“约会”；云南称“赊会”，等等，而且这些称谓也在不断变化。

我国民间在金融方面的合作，历史悠久。合会的确切起源时间，尚无可考。比较通行的说法是起源于隋唐，也有说是自王安石青苗法产生以后，由因利局、贷款局演化而来。合会是会员间救济性融资的组织，其方式简单，凝聚着浓厚的友谊，所以在中国能存在千余年之久而不消失，甚至在当代银行制度和信用合作社制度发达的环境里，合会仍在民间流行。

合会的主要形式有三种：轮会、标会、摇会①。这三种形式都有一个共同特征，即是因会首的需要、会友的赞助而成立的。

1）轮会

这是采用轮收法的会式。一个人在经济困难时，邀集几位亲友组织一个会，自己作为会首，使亲友作为会友，把他所需要的钱凑集起来，以后依预定的次序（收会次序一般在组织时由会首指定或由会友自相议定）确定会友的二会、三会直至末会。会款支付采用本利分年摊还法，所以收会时期有先后的不同，每人每次所付的会款也有差异，先收者应付出一笔利息，而迟收者应收入一笔利息。其先后支付会金的多少是按期限相当的利率计算而出。

2）标会

由发起人邀请亲友邻居十人或十六人为会员，各认缴会金一份，借给

---

① 本书只介绍轮会、标会、摇会实施的概要，具体事例可参见岳志：《现代合作金融制度研究》，北京：中国金融出版社2002年版，第36～40页。

发起者，在每隔一定的时间，由发起人出具会贴，召集全体会员标会一次。各人写字条投标，出利最高的人得会金。不过发起的人不写标条，亦不得利息，每次还钱一份，至末次还清时为止。

3）摇会

其邀会手续与标会相同，每年举会次数各地不一。基本程序是，每人按期出款若干，第一期集款为发起的会首借用，同时负每期收集会费的责任。集会时用抽签的办法决定用款者。每个会员以用一次款为限，至会员每人都得款一次为止。此种办法，除会首外，用款越迟的人，所得的款也越多。

新中国成立后，民间的各种合会形式基本都偃旗息鼓、销声匿迹了。随着经济体制改革的逐步展开，这些传统的互助组织又重新焕发生机。而且在一些地区，这些组织呈数量越来越多、规模越来越大的趋势。如浙江乐清县柳市镇，1986 年这类标会、摇会组织有近百个，其中：集资额为 1 万～20 万元的有 70 个，20 万～30 万元的有 20 个，100 万元以上的有 7 个。多数都是无息或适当计息，资金投向也不再局限于生活消费开支，而是投向工业、商业活动，也有一些合会已呈现出向私人钱庄演化的趋势。

2.1.1.2　其他国家的合会性组织

发展中国家的许多地方都报道过土生土长的储蓄信贷会，有的称之为储蓄信贷轮会、互助储蓄会等。这些储贷会不仅存在于非洲、美洲、加勒比海地区、东南亚和中东的许多国家，甚至还存在于早期的欧洲。它们在不同的国家有不同的名称。例如，在西部非洲，它们是 Tontines、Paris 或 Susus；在南非，它们是 stokvels；在埃及，它们是 Gamiyas；在危地马拉，它们是 Cuchubales；在墨西哥，它们是 Tandas。[①]

国外的合会性组织或储贷会也有不同的组织形式。其中，储蓄信贷轮会（Rotating Savings and Credit Association，ROSCA）是最主要的形式。每个成员通常定期支付特定数量的款项作为会款。每次举会收集的款项由一个

① 参见［美］乔安娜·雷格伍德：《小额金融信贷手册》，北京：中华工商联合出版社 1999 年版。

会员支配；如此重复进行直到每一个会员都收到这样一笔付款或“提款”。在最后一个会员得到这样一笔款项后，一轮循环即告结束，经协商后新的一轮又可以开始。第一个成员获得的无息贷款是由其他成员提供的，最后一个获得贷款的成员在以前不断向其他成员提供贷款时，实际上进行了储蓄，其他人则在债务人和债权人的地位间交替变化。轮流储贷会就是这样一种组织，它不仅轮流获得贷款，而且也轮流进行储蓄。

除了上面那种最简单的组织形式，在实际运作过程中还会有些变化。有的“会”只强调储蓄行为，没有贷款活动发生，如利比里亚瓦族人的“圣爱”（Saharyekahg）会就是这种情形。有的“会”缴款是定期举行的，并向会员提供贷款，如果会员作保也可贷给非会员，并且缴来的款项不能“抽回”，也不能进行分配。还有的“会”收款是定期进行的，不对会员支付。贷款也不在通常意义上发放，而是在将钱收集起来之后经过一定时期基于某个特定会员的利益进行投资。这种投资可以用来经营一个商店或一个出租车企业等。这样一轮一轮地重复进行，直到每个会员都得到这样的服务为止。这种类型的例子可以在利比里亚的毛诺（Maon）族和洛马（Loma）族那里找到。

2.1.2 传统合作性金融组织的功能

土生土长的合会起着重要的经济作用，在没有现代信贷储蓄机构的农村地区，这些合会填补了空白。

2.1.2.1 储蓄功能

合会的资金来源主要是会员缴款，使用借入资本的情况很少见。所以，合会的活动促进了节俭和储蓄。小额货币往往会在不经意间花掉，但通过合会的约定储蓄，小额货币可积累成一个可派用场的金额。相对于窖藏财宝等其他储蓄来说，这种活动的结果更好些。例如，相对于窖藏储蓄是取决于个人的愿望来说的，在这些土生土长的会中它则是一种应尽的义务，从而能导致更多的储蓄。此外，窖藏储蓄是不增值的货币，而在这些合会中所储蓄的钱经常是借出用于投资的。

2.1.2.2　贷款功能

对许多人来说，合会是他们获得所需款项的唯一途径，所以他们对约定储蓄有着内在的动力，这也是合会发展的主要动力。

在小农自然经济占统治地位时期，合会资金主要用于非生产用途，在现代，合会资金被允许用于更广泛的用途。

荷兰农业大学 F. J. A. 波曼研究发现，ROSCA 为企业家提供资本，让他们经营、购买股票和机器，购置或修理渔船和设备，或者开餐馆和零售商店。成员们通常把获得的贷款用于农业投资或经营零售商业，参加 ROSCA 为孩子教育提供资金，充分体现了 ROSCA 进步的作用。

ROSCA 这种互助性组织也许还能把资本从城市转移到乡村。城市 ROSCA 成员购买农村的土地和房屋。慈善性组织把资金投入穷乡僻壤中的自助性计划和发展项目中。

2.1.2.3　社会功能

由于存在上述可能产生的益处，合会便代表了一种社会保障形式。这种形式在缺乏全国性系统的时候，不能对之估价过高。有些合会是有公积金的，当贫穷的会员被同意从前面讲到的公积金中得到即时贷款，或者他被允许越过取款人的排列顺序，或特地要求立即进行一轮临时缴款的时候，合会就产生了社会保障功能。

另一个社会功能产生于全体会员会议的欢宴。在某些情况下（如东爪哇所报道的）特别是在乡村，会员把一次会议看成是加强同一地区居民团结的一种有效形式。ROSCA 的成员轮流作“主”，培养了经营货币和商品的能力，从而提高了自己的社会地位和声望。

2.1.3　传统合作性金融组织的局限

许多事实表明合会类的储蓄信贷组织具有独创性和广泛的适应性，村民和城市移民已成功地建立了这类组织，但发展中国家的政府官员、银行家和学者们对合会仍多有成见。在中国，目前政府的政策是把合会当成“非法集资”而予以取缔和打击的。同时，绝大多数发展中国家的理论工作者对于这类传统组织在发展战略中的潜在作用也是持怀疑态度的。这种状况的产生是由于人们对自发产生的合会缺乏深入的了解，对它怀有偏见以至于对它缺乏信任。人们对现代化的金融机构深信不疑，想当然地认为它们可以解决农民和少数城市移民的融资需求。当然也应该看到，这些自发的合会组织也存在一些问题和局限。

1）酒宴攀比

在得款者举办的宴会上，宴会的排场往往代表着体面和声望，于是就会出现攀比现象，后者的宴会要赶超前者，这种花费就显得有些浪费。有些无关的人也来赴会并得到款待，这就导致了会员利益的损失。

2）缺乏持续性

合会组织往往建立在伦理关系之上，缺乏系统性，无长远规划，是偶然的、分散的，多为解决会员个人临时的需求，随生随灭，根本无法形成全国性的组织。而且，不同合会组织的构建缺乏一致原则，在其运作和利益分配上常因人、因时、因地而异，严重阻碍了其发展。

3）资本不足

合会在满足会员的不断增长的贷款需求时常显得无能为力。于是，有时会员在一个会里占几个份额，或者同时参加几个会，或者筹组适合于自己需要的新组织。合会资本不足也引起了试图用其他机构特别是信用合作社来取代的愿望。信用合作社既松散灵活，又规范化和制度化，可以避免合会的一些缺陷。

2.2 “现代”与“传统”合作性金融的异同分析

本书中现代合作性金融的“现代”是与传统合作性金融的“传统”对应、对称的。前文已述，传统合作性金融组织并没有在现代合作性金融制度产生后消失，现在依然存在。现代合作性金融是指现代意义上的合作性金融，是伴随着近代工商业资本主义的发展形成的一种新的金融资源配置方式，最初起源于德国，并迅速向全世界传播。

现代合作性金融制度的雏形是19世纪60年代前后由德国的雷发巽和舒尔茨分别在农村和城市建立的信用合作社，并随后在各国的实践中不断发展完善。法国现代意义上的合作性金融组织产生于19世纪末，以1885年在法国汝拉（Jura）地区的萨兰莱班（Salins-les-Bains）成立农业信贷协会（Société de Crédit Agricole）为标志。美国第一家信用社在1909年开业，即今天的圣玛丽银行（St. Mary's Bank），标志着美国现代合作性金融组织的产生。与美国信用社体系平行的美国农业合作性金融体系即农场信贷体系在政府主导下于1916年通过立法设立。日本具有现代意义的合作性金融组织可追溯到1900年，日本政府在考察欧洲的合作性金融制度后颁布了《产业组合法》，创立了四种组合制度，其中就有信用组合这种现代合作性金融组织。日本现在的依附于农协的农村合作性金融体系是在第二次世界大战后为了应对濒临崩溃的农业而建立的。而印度现代合作性金融组织的产生以1904年《信用合作法》的颁布为标志，这是印度殖民政府为了让农民从沉重的高利贷债务中解放出来而指派专门的法律委员会制定的。1947年印度独立后新政府继续大力发展合作性金融。

现代合作性金融与传统合作性金融都是合作性金融，具有一些共同的特征。首先，一般都是经济上的弱者为了获得所需资金采用合作组织形式相互融通资金。其次，虽然合作性金融的宗旨是互助互利，具有精神的及道德的成分，但不具有慈善性质。另外，两者都不以营利为最终目的。两者的不同之处主要体现在以下三个方面：

第一，现代合作性金融组织具有企业性质。传统的合作性金融组织，如中国的合会，国外的合会性组织储蓄信贷轮会、互助储蓄会等是民间自发的、松散的联合，是会员间救济性融资的组织，具有很强的社团性质，但不具有现代合作性金融组织的企业经营性质。现代合作性金融组织是随着工商业资本主义的发展而产生的，其运作方式充分吸收了资本主义生产方式中产生的先进的工厂企业管理制度和信用制度。现代合作性金融组织的经营管理制度一般由社员（代表）大会、理事会和监事会组成。

第二，现代合作性金融组织具有大体一致的合作原则。现代合作性金融组织在具有企业经营性质的基础上还具有大体一致的合作原则，为地方的、全国的、区域的和世界的合作性金融组织的合作与联合奠定了基础。相反的是，传统的合会性组织的构建缺乏一致性原则，多为解决会员个人临时的需求，随生随灭，是偶然的、分散的组织，持续性缺乏，根本无法形成全国性的组织。

第三，资金运用机制不同。传统的合会性组织对于资金的运用限于资金的筹集与分配，每次收集的款项由一个会员支配和使用，这样重复进行直到每个会员都收到这样一笔钱款或同样的服务，在最后一名会员得到一笔款项后，一轮循环即告结束。一般来讲，在合会性组织每一轮循环中，所有的储蓄者也都会成为借款者。然而，在现代合作性金融组织中，存款者并不必然成为借款者。现代合作性金融组织的会员有投票权，有参与组织内部决议的权利，有使用储蓄服务的权利，但通常社员是否获得贷款是要征得董事会任命的信贷委员会的同意才可以的。另外，对于传统合会性组织来说，每次举会，会员对于所收集款项的贡献是大体一样的，而现代合作性金融组织中社员可能在缴纳一定社费，成为组织一员后，对于其储蓄额一般没有限制，而且每个社员的储蓄额可能都不相同，相当于一般银行机构的储蓄服务。

2.3 现代合作性金融制度产生初期的合约安排

现代合作性金融制度的基本特征是提供资金融通业务这种特殊商品的企业的所有者或生产者与消费者是同一群体，是一种“民有、民治、民享”式的制度安排。经济生活中处于中下层的劳动群众组织自己的金融机构——信用合作社和合作银行，使自有的少量资金聚零为整，续短为长；或通过合作金融组织取得信用，再向外部融资，解决内部社员资金需求（王伟和刘子赫，2011）。最初产生于德国的信用合作社由有资金融通需求的个人（农户或小手工业者）入股成立，城市信用合作社需要缴纳股金入社，但承担责任有限，农村信用合作社可以不缴纳股金，但其实是以自己的劳动力入股，而且对这种资产的数量和质量都有要求（1,000 人左右，限于熟悉的人之间，守信用），并需对信用社承担无限责任。对于退社，最初也都没什么限制，拿走自己投入的资本，加上或者扣除相应的利润或损失。

信用社由社员出资成立，也就是信用社的股东了，信用社产权归社员所有。社员们对信用社实行民主管理，实际上就是对信用社资产如何使用及收益如何分配制定的一套规则或合约。很多学者认为合作制是人的联合而不是资本的联合，按费雪一般化的资本概念，这种观点就显得狭隘了，人力创造收入，也是资本。笔者认为合作金融组织不同于其他金融组织的显著特征是把人力资本放在其他资本的前面。信用合作社每个社员有平等的选举权，即一人一票制，不论其投入资金的多寡①，这是信用合作制度的基石。信用合作社的经营管理制度由社员大会、理事会、监事会组成，理事会和监事会成员大都由社员担任，社员大会负责信用社的战略管理、理事会负责日常经营管理、社员负责实施经理的决策。这是一个自治体系。

另外，也正是因为信用合作社对人力的看重，合作社贷款很少采用抵押贷款的形式，多是信用贷款或保证人贷款。资本收益分配也不是简单按资金投入多少来分配的，而是根据每个社员对合作社的贡献大小分配。利润也不是都分配出去，而是留存一部分作为公积金（雷发巽农村信用合作社最初不分配利润并非主流）。从产权上来说，这是资产的部分收入权没有清晰的界定，理论上这局部的收入会倾向于消散，但合约可以指定其用途，降低其租值的消散。一般来讲，这部分收入会用于教育培训等提升社员的人力资本或改善社区的状况等。

但民主管理有其固有的缺陷。因为最初信用合作社实行直接民主管理，本书我们不考虑后期发展的社员代表大会形式的间接民主管理。在直接民主的管理模式下，虽然投票权只能由社员自己行使，附着在社员资格上的

---

① 后期发展有所变通，但不改人力资本最重要的特征。

投票权也不能交易，但原则上，为了达到对合作社资产一定程度的支配权（通过废除既有的政策或制定新的有利于自己的政策，或者仅仅是核准自己的贷款申请），一个社员可以通过“租借”其他社员的选票来达到自己的目的。为了“租借”，就要付出必要的代价，这是一种利益交换。投票结束后，被“租借”的投票权又回到原社员手中。这种固有的缺陷会损害信用社整体的利益，这也是为什么合作社把对社员的教育放在很重要的位置：既要提高社员的知识能力，又要注重社员道德水平的提高，这是促进合约履行、防止信用社租值消散的重要手段。

由于信用社注重人力资本，且社员大多是社会上的弱势群体，资金有限，甚至为了弱化资金资本对信用社的控制，很多信用社还对社员认股的最高数额有些限制性规定。这导致信用社规模小，可融通的资金有限，资金流动性常出现问题。为应对此问题，信用社联合了起来组成区域性甚至全国性合作银行，开展合作。

通过引入费雪广义的资产资本概念，提出现代合作性金融制度是把人力资本放在首要的观点，并在此基础上对合作性金融制度显性的、隐性的合约安排进行了框架性的梳理。把人力也作为资本看，相应的合约安排才顺理成章，逻辑井然。比如我们可以据此解释信用合作社的无限责任合约。最初社员入社缴纳股金有限，甚至不用缴纳股金，采用无限责任合约把社员入社后自身创造的所有收入折现都作为“股金”缴纳了。后期德国《合作社法》规定信用合作社采用有限责任制，并要求必须缴纳股金入社，这是局限有变，合约安排也就跟着变了。再后来演变出来的担保责任，即社员承担的责任为入股资金的一定倍数，其实还是人力资本与资金资本共同入股，是局限条件下克服有限责任与无限责任的缺点，让信用合作社更好运作下去的合约安排。

整个现代合作性金融制度，从产权的角度抽象地概括，那就是合作金融组织的参与者（主要是社员，当然也有非社员的储蓄者，可以得到利息，如果是聘用的管理人员，则得到工资），通过自己拥有的资产（人力、资金等）的局部的使用权利转让，通过一系列合约的安排，来换取租值。这里的租值主要是信用合作社提供的服务（主要是贷款，还有教育培训等）。

现代合作性金融制度自产生以来迅速发展，向世界传播，并存续至今，一定是因为其相对较低的成本或交易费用让参与者获益①，并且有限的资源因信用合作社这套合约安排对竞争的约束减低了租值消散，使其价值得到提升。

2.4 现代合作性金融制度产生面临的局限条件

下面让我们来考察现代合作金融产生前面临的局限条件。每一个金融事件的背后都有着深刻的社会、经济、文化背景（陈雨露和杨栋，2013）。白钦先（1989）首先提出的“金融体制”概念把金融运转环境作为金融体制九大要素的核心要素，认为金融运转环境对金融制度的产生、发展、演变与运行有重要的乃至决定性的制约与影响。

2.4.1 从制度需求角度的考察

因为信用合作社产生于德国，所以笔者从分析德国当时的社会经济环境入手。19 世纪中叶，当时德国其实还不是一个统一的民族国家，政治上处于四分五裂的状态，那时的德国只能说是一个地域概念，德意志人自己称为“德意志兰（Deutschland）”。从德意志民族和国家的发展史考察，只

① 有的社员并不仅仅是为了获得贷款，资料显示，很多参与信用合作社的社员并不是贷款者，考虑到大部分信用合作社的无限责任制度，这些非贷款者社员其实承担着很大的风险，他们本可以只作为合作社的储户而不成为社员的，为什么却愿意冒风险？有两个原因可以解释：（1）那些靠自己所在社区获得收入的人，比如小店主或手艺人可以通过让合作社发展繁荣来带动对自己生意的需求，所以参与其中，达到共赢。（2）许多合作社地处偏僻，远离储蓄机构，如 Sparkassen，参加合作社可以参与监督合作社储蓄的使用，即贷款政策，还能参与对储蓄利率的制定。合作社内部非贷款社员的存在对于信用社的管理是重要的，对于贷款者之间的共谋起到预防作用，也能帮助信用社从社员和非社员处吸收储蓄资金。参见 Timothy W. Guinnane，Cooperatives as Information Machines：German Rural Credit Cooperatives，1883 – 1914，*The Journal of Economic History*，Vol. 61，（2）：371 – 372。

有到 1871 年俾斯麦统一德国后，德意志兰才包含了国土和国家相一致的含义，才可以把德意志兰称为德国。当时德意志兰还是所谓的德意志联邦的状态，是 1815 年的维也纳会议上，在沙俄的操纵下由 38 个主权邦建立的松散联盟。

19 世纪中叶前后可以说是以普鲁士为代表的德意志兰社会大变革的时代，社会性质发生了根本性的变化，从基本的封建社会转化为基本的资本主义社会。

欧洲封建社会的基础是封建领地制和封建庄园制，这种制度下主要有三股势力：国王、领主、城市。领主从国王那里获得分封土地，向国王效忠，领主在领地内拥有司法、行政、军事、税收等权利，国王本身只是一个大领主（注意与中国的不同）；领主的属下就是骑士，依附于领主的农民成为领主的农奴；城市是由从领主那里逃出来的农奴或手艺人建立的，在与领主的斗争中有的独立自治，有的依附于领主，要缴税①。

德国要到 1871 年才统一，没有像英法俄等欧洲国家一样早就成为中央集权的统一的民族国家，政治上四分五裂，在封建的生产关系下，经济落后，法国等欧洲其他国家甚至可以随时干涉德意志事务。19 世纪初，德意志兰各邦国迫于生存的压力，开始了资本主义性质的改革，特别是普鲁士 1807 年开始的施泰因—哈登贝格改革。施泰因改革主要在三个领域：农业立法（解放农奴）、城市自治和王国最高行政改革。其中农业立法是改革中最关键、最基础的部分，也是影响最为深远的部分。它实际上是一场土地革命，把封建地产制转变为资本主义自由地产制，允许土地自由买卖，直接影响到普鲁士社会经济结构及社会性质的转变。

从交易费用的概念来讲，制度转变的费用可以分为两部分：信息费用和抗拒费用。前者是指知道目标制度如何运作及效果如何的信息费用；后者是说服或强迫那些认为制度的转变会受到损害的人所花费的代价。因为有英法等国的模板，改制的信息费用是很低的，特别是拿破仑战争后，拿

---

① 中世纪的西欧，农奴必须把自己 70% 的时间奉献给领主，然后才能耕种租种的土地；死后，还要被领主领走更好的家畜；缴纳人头税、结婚税、地丁税；献纳初夜权。领主拥有军事、行政、司法等一切权利，对农奴有生杀予夺的权利。参见陈雨露和杨栋：《世界是部金融史：全新修订珍藏版》，北京：北京联合出版公司 2013 年版，第 43 页。

破仑在西德（包括莱茵河右岸地区）和西南德（巴登、符腾姆贝格、巴伐利亚等）推行了资本主义改造，为普鲁士改革者提供了可资借鉴和效仿的榜样（丁建弘，2012）。土地制度变革的阻力主要来自容克贵族，继施泰因农业立法后，哈登贝格的改革虽带有更明显的资本主义性质，但却是以更有利于容克的方式解决土地问题，使得改革遇到的阻力降低。施泰因负责颁布的 1811 年《关于调整地主与农民关系的敕令》和 1816 年《王家公告》的核心是农民要获得人身、财产自由，解除自己的封建义务，需采取赎买的方式，且条件极为苛刻，是更符合容克贵族利益的，即使能按“条件”赎买封建义务的农民，也往往要付出数十年的血汗。改革的推进持续了数十年，其间打了数不清的官司，农民逐渐摆脱了封建的人身依附关系，实现了对自身的产权自主，但也付出了沉重的代价。到 1848 年，普鲁士“土地革命”已成定局，调整和赎买事宜基本完成，得以解除封建义务的“赎免农民”（指有较好财产权的世袭农户，一般很少割地，而是付现金或租息以赎买义务）已有 289,651 户；得以解除封建义务的“调整农民”（指有较差财产权的农民，一般均需割地以赎买义务）已有 70,582 户。富裕农民得以赎买义务者较不富裕农民数量大得多，他们赎买了 600 万天牛马劳役，1,700 万天人工劳役，折合现金为 1,850 万塔勒（丁建弘，2002）。在这一过程中，容克贵族除了获得大量资金外，也获得了大量新地产，是德国式的“圈地运动”。

几乎与“土地革命”同时，德意志的工业革命开始启动。容克因为农业立法改革的“赎免”方式获得了资本的原始积累，开始购置机器、投资建设庄园工厂，19 世纪 30 年代开始投资重工业，特别是铁路建设。施泰因—哈登贝格改革在城市取消了行会法规，强调从商自由，为工商业的自由发展创造了有利条件。随着工业革命的启动，德意志兰的手工业生产开始向大机器工厂生产过渡。工厂和较大企业日益吞并和排挤手工业、包买商家庭手工业和手工工场，使得小手工业者生存堪忧。

然而，接下来的农业歉收及经济危机对于农民和手工业者几乎就是灭顶之灾了。1845 年，居民的主要食物马铃薯和其他农作物因枯萎病而歉收。粮食奇缺，农产品价格上涨 50%。1847 年从英国开始的经济危机，迅速波及德意志。1847 年汉堡就有 128 家商店破产，广大人民群众生活急剧恶化。

大批工人失业，许多小店主和手工业者破产，农民流离失所，许多地区发生饥民暴动[①]。

可以说农民和手工业者极度缺钱，即使没有出现农业歉收和经济危机也一样需要资金来维持生存，农民和手工业者的信贷问题由此产生。

农村农民的信贷问题还有城镇小手工业的信贷问题也是随着施泰因—哈登贝格的土地改革和工业革命才开始大量出现。改革前，农民没有脱离与领主的人身依附关系，虽然农民受到各种约束，没日没夜地为领主种田，但由于衣食、土地、农具都由领主提供，不会产生信贷问题；城市的小手工业者因被强制参加手工业协会这种垄断组织[②]（后因哈登贝格取消行会法规的改革而终止），虽也是受到各种约束，但也算有所依靠，经济安全得到保障，信贷问题不严重。然而，到了19世纪40年代末，这种需求可以说非常急切，性命攸关。可是，当时德国还处于四分五裂的状态，各邦立法、币制、关税等都不相同，交通也很落后，资本原始积累和英法比还是相差太远，银行组织、金融系统也不如英法发达。当时存在的四类金融中介都不能给他们提供合适的贷款项目[③]。首先是被称为 Kreditbanken 的正规大银行，它们主要服务于大型工商业，对贷款给农民和小市民没有一点儿兴趣。第二类是称为 Sparkassen 的市或区储蓄银行，大部分位于城市，由于政策要求，这些银行主要投资于城市房地产还有政府发行的债券，几乎没有小额贷款。第三类是个人或合伙银行，称为 Privatebank。这类银行强调无限责任，依赖个人资产而不是储户存款，多为家族企业。私人银行从事高端金融业务，包括国际贸易融资业务，为富人及贵族、王室提供金融服务，为本国及外国政府发行证券，不从事面向普通民众的金融业务。第四类是店主、农产品经销商和其他非正规的贷款人，这些都是高利贷，保守估计，

---

① 参见丁建弘和陆世澄：《德国通史简编》，北京：人民出版社 1991 年版，第 309 页。

② 德国手工业协会产生于 12 世纪初，最初只是同一城镇上不同手工业者的自由团体，后来发展成强制性会员制，协会会员经济活动受到诸多干预，比如规定社员工作的方式、产品的质量与售卖的价格、工作的时间、雇佣散工的数量等，目的是保障公平与社员经济安全，减少破产等。协会除了对经济的影响，还影响城镇的政治、军事、文化、和宗教等方方面面的社会关系。

③ 此处关于当时这四类金融中介的情况参见 Timothy W. Guinnane，Cooperatives as Information Machines：German Rural Credit Cooperatives，1883 – 1914. *The Journal of Economic History*，Vol. 61（2）：368。

将显性成本和隐性成本计算在内，每年的资金成本超过 30% 是很正常的。一个佐证是舒尔茨 19 世纪 50 年代第一批合作社收取的利息一般在 12% ~ 14%，比银行利息高很多。即使在这么高的利息下，信用合作社资金的供给远远不能满足需求。

每一项伟大的制度背后，一定有经济原因也可以称为生存原因，毕竟活下去是每一个人最强烈的需求。城市和农村信用合作社就是在 19 世纪 50 年代前后农民和小手工业者最需要资金的情况下产生的，并非巧合。1849 年，作为律师的舒尔茨（Schulze-Delitzsch）在他的家乡萨克森州成立了“原料协会”来服务于工匠和鞋匠，是第一批商品合作社。接着，他认为还需让合作社社员联合起来获得一定信用，进而获得贷款，这就是 1850 年“共同贷款协会”（Mutual Loan Society）的成立，后为之取名“平民银行（Volksbanken）”，该名至今沿用。使用该名称是为了表达从一开始他就认为的关键问题：给手工业者提供合理的、可实施的贷款项目，这类贷款是股份制银行和储蓄银行都不愿提供的。同样是在 19 世纪中期，雷发巽（Friedrich Wilhelm Raiffeisen）最初并不知道舒尔茨的创举。从 1845 年开始雷发巽开始担任韦斯特林地山（位于现在的莱茵兰普法尔茨州）周边几个市的市长。他通过要求当地富裕的村民向贫穷的村民提供慈善帮助这种方式努力缓解尖锐的经济问题。然而雷发巽意识到这种出于人道主义目的激发出来的“慈善协会”不能永久实行，是穷人而不是社会富裕阶层要建立并且确保合作社会的存在。所以雷发巽决定设立农民互助性质的信用合作社，并设立、经营“慈善协会”，10 年后的 1862 年成立了真正的信用合作社，并称之为“贷款协会”（Loan Society）（Gunther Aschhoff & Eckart Henningsen，1996）。

2.4.2　从制度供给角度的考察

以上是从制度的需求方面来阐述信用合作社产生的原因。下面我们从制度的供给方面来阐述其原因。

一种新制度的产生可以说是人们在不断试错的过程中的一种知识累积的结果，是一种自生自发的社会秩序，这是哈耶克的思维。制度的演进是随着局限的变化而朝着满足帕累托条件的方向走。如果所有局限条件皆顾及到，帕累托条件一定满足，没有无效率的问题，如果你认为帕累托条件不满足，那一定是遗漏了局限条件，特别是交易费用这类局限。

在现代合作金融组织没有产生以前，农民或手工业者的人力资本和资金资本聚合在一起本应该有更高的租值，但却没有达到，你可能会认为资源没有得到充分利用，这不满足帕累托条件或帕累托最优，这样看问题显然是遗漏了局限条件。合作性金融制度既然是一种合约安排，一定意味着权利的交换[①]，这意味着一种“市场”形成了。“市场”交易对交易双方都有利，这是经济学的基本原理。资源因这种合约的安排而实现了更高的租值，因为这种合约形成的交易费用增加低于因这种合约而产生的收益增加。一种合约的签订、管理、履行都有不少交易费用，还有前期产权界定的费用（这是合约达成的先决条件），但这些交易费用与产生的收益相比少的话，合约将会采用。接着再问，为什么之前现代性的合作金融制度没有产生，要到19世纪中叶才产生？答案是局限条件的转变，特别是交易或制度费用这种局限。这种回答几乎是套套逻辑，没有什么内容，我们要找到这种局限才行。答案就是前文提及的知识的累积，特别是关于制度方面知识的累积。知识这类资产有一个特点，那就是不是越用越少而是越用越多，社会的进步有赖于此。

在德国信用合作社产生前的知识累积首先是近代合作制理论与实践[②]，比如英国的欧文（Robert Owen，1771—1858）的合作制度思想与实践，威廉·金（William King，1786—1865）的合作思想及他创立的布莱顿消费合作制度，罗虚戴尔合作制度，基督教社会主义者倡导的个人主义结社等，还有法国朗吉（Lange，1743—1793）和傅里叶的合作思想与实践等（张曼茵，2010）。其次是资本主义生产方式中产生的工厂企业制度和信用制度。工厂企业制度要求有科学的劳动分工与协作、质量管理与成本控制、产品

---

① 什么权利交换了，怎么交换的，参看上文关于合作金融合约安排的分析。这里需要特别指出的是，能够交易意味着产权有了清晰的界定，即信用合作社产生的一个前提是人脱离了封建的人身依附关系，实现了对自身的产权自主。只有如此，一个人才能参与信用合作社这种合约，实现权利的交换。

② 据笔者掌握的资料，本书未把传统合作金融组织如中国的合会组织和其他国家的合会性储蓄信贷会、互助储蓄会等纳入在信用合作社产生的知识累积中，因为零星的资料显示关联度不强，这些组织在发展中国家居多，可能有些影响，但出于严谨考虑，未把其纳入此处的知识累积。

的营销与资金的调度。资本主义商业信用制度和银行信用制度直接为信用合作社提供了商业信用的各种票据、存款贴现制度、结算制度等制度知识。以上的知识累积都为信用合作制度的产生大大地降低了信息费用，再加上这种新制度的产生与运作对于当时存在的上文提及的四类金融中介构不成什么利益冲突，可以说抗拒费用几乎为零，反而是因为它的各种优点为政府所推崇与提倡，并迅速在世界范围内传播。

关于为什么信用合作制度首先在德国而不是在更发达的英法产生，笔者给出的解释是：德国当时还是一个政治分裂的未统一的国家，地域封建割据框架恰好提供了试错途径，领主乃至王国之间不存在统一的王权，各地区可以独立进行经济实验，不像英法那种统一的民族国家对金融业行政管制那么多。相反，管制越少，留给制度创新的空间就越大。

2.4.3　小结：两个关键局限与合作性金融本质的再界定

本节研究现代合作金融制度的产生问题，是经济学研究范畴三部分中最难的一个：解释制度的形成。本节从三维金融架构的视角，并借助一般合约理论，从合约安排的角度看制度，合约或制度的选择受到局限条件的约束，尤其是交易费用或称为制度费用这种局限。合约安排必定意味着某种权利被交换了，这涉及产权的分配即产权结构。

为了解释现代合作金融制度的产生，本节先通过考察德国信用合作社初期合约安排的一般框架，引入费雪一般化的资产与资本概念，认为信用合作社的本质特征是以具有自主转让权的人力资产为核心的一套合约安排，把自身拥有的资产（以人力资产为主，或加一部分资金等其他资产）的局部使用权利转让，来换取一定的租值，主要是信用合作社提供的贷款及教育培训等服务。我们把人力作为资产并把人力资产放在核心位置，通过产权结构的分析，可以顺理成章地解释信用合作社的各种显性与隐性的合约安排。

接着本节从制度的需求与供给两方面分析了信用合作社产生前面临的局限条件，特别是因为知识的累积使得交易费用（主要是制度如何运作的信息费用）这项局限大大降低。另外就是德国的施泰因—哈恩贝格改革让农民与手工业者脱离了封建的人身依附关系，实现了对自身人力资产的产权自主，解决了产权这一合约达成的先决条件问题，再加上当时农民与手工业者面临的生存压力，政治分裂所导致的政府管制较少，为制度创新留出了空间，最终促成了现代合作金融制度的产生。

笔者认为，中国合作性金融制度的重构与重建已具备知识累积和产权自主的基本条件，未来可以通过减少金融领域的行政管制等路径，为制度创新留出更广阔的空间，从关键处着手促进我国现代合作性金融制度的建立和完善。

2.5 现代合作性金融组织的基本特征

根据上文分析，现代合作性金融组织的本质是以具有自主转让权的人力资本为核心的一套合约安排，把自身拥有的资产（以人力资产为主，或加一部分资金等其他资产）的局部使用权利转让，来换取一定的租值，主要是现代合作性金融组织提供的贷款及教育培训等服务。笔者将现代合作性金融组织的基本特征概括为如下四个方面。

第一，现代合作性金融组织最突出的特征就是金融服务的提供者同时也是其消费者。现代合作性金融组织这一提供资金融通业务这种特殊经济物品的企业的顾客同时也是企业的所有者和控制者，是一种“民有、民治、民享”式的制度安排。而商业性金融和政策性金融都不具有这一特点。

其他类型的合作社（如生产合作社和消费合作社）也是由客户控制的，但其与合作性金融组织不同之处在于处于控制地位的客户只是交易的一端，要么是生产者，要么是消费者，而不是像现代合作性金融组织那样控制者既是企业提供服务的消费者，又是生产者。传统的合作性金融组织，如合会和储蓄信贷轮会（ROSCA），其所有者和客户是统一的，但前文有述，它们不具有企业经营性质，而且资金运用的机制不同，此不赘述。

另外，现代合作性金融组织与其他类型的信贷组织也是不同的，如乡村银行、自助组织、借款人组织等。它们最大的差异就是这些信贷组织的所有成员都是纯粹的借款人，成员之间没有资金融通发生，所有的贷款资金均是由第三方提供的。

第二，现代合作性金融组织坚持一人一票制的民主管理。现代合作性金融组织的本质是以具有自主转让权的人力资本为核心的一套合约安排，不能依财产数量取得支配别人的权利。现代合作性金融组织的最高权力机构是社员（代表）大会，不管社员入股多少，都只有一票表决权，这与商业性金融一股一票形成鲜明对比。不管是现代合作性金融产生初期的直接民主，还是随着其发展而采用的代议民主，都实行一人一票制，投票权不能委托，不能转借，不能交易。理事会是在社员（代表）大会闭会期间的执行机构。理事会的成员由社员大会或社员代表大会选举产生。理事会有权拟定合作金融组织的财务预决算、利润分配等金融政策，有权同意或驳回信贷申请。监事会是监察机关，监事会成员也由社员（代表）大会根据一人一票制选举产生。

第三，现代合作性金融组织特别注重对组织成员的教育培训。对社员的教育培训是现代意义上的合作组织成立以来的传统。最初，教育培训的目的是整体上提升人们的受教育水平，只是到后来才开始转向对社员和雇员的专业培训。这些教育培训活动起源于 1844 年英国罗虚戴尔先锋社。1995 年 9 月在英国曼彻斯特举行的“国际合作社联盟 100 周年代表大会”上通过的合作社原则，即罗虚戴尔七原则之一就是促进社员教育。合作性金融的发展，特别是在初始阶段，特别需要金融、财务等相关专业技术人才和相关现代企业管理人才，因为对合作性金融的需求强烈的主要是社会上的弱势群体，而这些人员的受教育水平普遍不足，所以特别需要提升教育水平，提升相关业务能力。

第四，现代合作性金融组织的利润按组织成员贡献大小分配并留有公积金。对于现代合作性金融组织，其资本收益分配并不是简单按资金投入多少来分配，而是根据每个社员对合作社的贡献大小来分配。对于从事业务服务或管理活动的社员或雇员，获得相应的工资；对于储蓄或贷款人员，则一般根据交易额获得规定的收益；在合作金融组织出现亏损时，一般也要承受较多的损失。

利润也不是都分配出去，而是留存一部分作为公积金。公积金制度的产生是由于现代合作性金融组织最初实行自由进出原则，允许社员退社时撤走其投资，这造成组织的核心资本处于不稳定状态，直到合作社可以从盈余中提取公积金的制度形成才解决了这一问题。

不论是坚持一人一票的民主管理，对组织成员教育培训的重视，还是利润按组织成员贡献大小分配，都体现了现代合作性金融组织对人力资本的看重，把人的价值放在首位的本质特征。以上笔者总结的现代合作性金融组织的四个基本特征，是典型的合作性金融组织的经营活动应该具有的。随着合作性金融事业的不断发展，这些基本特征可能会随着环境的变化有些细微的变化。例如，随着合作性金融机构资金资本的充足，也会考虑向非社员贷款或进行其他金融服务，但面向非社员的金融服务，合作性金融组织是按照商业性原则而不是合作性原则来交易的。

第3章 现代合作性金融制度变迁研究：变动的一般规律

3.1 主要国家现代合作性金融制度变迁特征研究

科学是系统地解释现象的学问。进行科学解释，我们首先要对存在的现象有一个主观上的一致认同性。凡是现象或行为，其存在是靠人主观的判断。一个人认为太阳正在上升，是这个人的主观判断。如果另一个人不同意，认为太阳正在下降，那么这两个人就不可能一起科学地解释太阳的现象。主观的现象受到客观的认同、共信，是科学的一个基础。本节的任务是比较客观地梳理几个主要国家现代合作性金融制度变迁的过程及特征，是对现代合作性金融制度这一研究对象的不同表现形式、发展路径的描述，目的是取得对现象的主观上的一致认同性，为后文找规律并进行经济分析解释提供基础。

3.1.1 德国现代合作性金融制度变迁特征

德国是现代合作性金融制度的发源地，其产生是在当时社会经济发展的大环境下制度自然演进的结果。本小节将在梳理德国合作性金融制度变迁历程的基础上总结其发展的主要特征。

3.1.1.1 早期发展

19世纪中期，德国合作金融体系的先驱者舒尔茨（Hermann Schulze-Delitzsch）和雷发巽（Friedrich Wilhelm Raiffeisen）分别为城市手工业者和农民建立了信用合作社。舒尔茨的信用合作社以城市手工业者（小生产者）的自动结合为基础，以共同的储蓄和相互的信用来融通资金。舒尔茨严格拒绝政府的支持和帮助，倡导以自助互助的精神来经营合作社。为了应对大量新成立的合作组织，解决面临的流动性问题，促进其未来更好发展，舒尔茨于1861年建立了中央联络处，并于1864年成立德国自助商业合作总会作为中央合作组织来调节流动性。为了使他建立的新型经济组织具有合法基础，舒尔茨成功推动普鲁士于1867年通过了一部《合作社法案》，并逐步向更大的范围推广。

雷发巽的农村信用合作社主要目的是使农民免于高利贷，促进农业生产，防止农业灾荒。也因为要解决流动性问题及促进合作社的发展，雷发巽于1877年成立了全国性的中央贷款协会，作为按雷发巽原则建立的信用合作组织的中央银行。

继舒尔茨和雷发巽之后，哈斯（Wilhelm Haas）成为德国合作运动的领导者。尽管哈斯不是德国合作社的创始人，但他将两大要素引入农村合作体系中：一是成立了专业化的农业购买与销售合作社（不同于雷发巽的多功能农业合作社）以及信用合作社；二是在全国性的中央合作组织成立前建立了以地区为基础的合作组织。这样，地区的特点就被考虑在内，这样的安排最后证明是明智的，大大促进了合作体系的发展。哈斯为德国三级（伞形）合作体系架构的建立奠定了基础。所以哈斯被称为德国合作体系架构的第一位伟大的设计师。哈斯于1883年成立德意志帝国农业合作社全国协会作为其中央组织。

3.1.1.2 第一次世界大战前的发展

第一次世界大战前一些新的规章制度的建立和普鲁士中央合作银行（后来整个德国合作体系的中央机构）的建立标志着德国合作体系的进一步扩张与发展。

最初的《合作社法案》（于1867年在普鲁士生效，一年后纳入北德联邦法，1871年纳入整个德意志帝国）只承认实行无限责任制的合作社。这个规定在德国合作运动的建设阶段是十分关键的。因为无限责任意味着会员以其所有资产对合作社债权人负责，这就提高了合作社的信誉，也有利于强化社员与合作社整体的利益，促进社员积极参与信用社的经营与管理。但是这种无限责任的要求不利于资本密集型合作社（如住房合作社）的发展，也会使得那些不急需贷款的人对加入合作社望而却步。另外，无限责任的要求使得在承担无限责任的注册合作社中建立中央机构变得不现实，因为在这种体制下地方合作社的社员不得不在多层体制下承担无限责任，即承担的责任重复了。所以，1889年5月，一部新的合作社法案通过，新法案对于无限责任和有限责任制的合作社都予以承认。该新法案还要求对所有合作社进行强制审计，并且负责审计者不能是合作社的社员。新合作社法案的这两则条款极大地促进了合作体系的扩张和结构的优化。但第一次世界大战前的20年成为德国合作社重要建立期的最主要原因是1895年普鲁士中央合作银行的建立。

普鲁士中央合作银行是由政府出资建立的，其实是政策性金融。该银行的建立出于如下考虑：德国农业如何应对国外不断增长的竞争压力以及如何得到帮助来进行必要的结构性调整。为了应对以上问题，德国众议院把关注点放在了如何更有效地满足中小规模农场及相应合作社的信贷需求。最终，在普鲁士财政部部长米格尔（Johannes Miquel）的推动下，决定建立一个由公务人员管理的金融机构来应对，普鲁士中央合作银行成立了。随后的发展可以看出，该银行的建立不仅对农业合作社有利，对其他类型的合作社，主要是城市小手工业合作社也是很有利的（Aschhoff & Henningsen，1996）。

从建立初始，农业合作社的区域银行就与普鲁士中央合作银行有密切的合作，并且从1905年开始，区域合作银行开始入股普鲁士中央合作银行。普鲁士中央合作银行的主要目标就是作为流动性管理中心为地区性合作信用机构服务从而支持合作社个人贷款的发展。由于其法律框架、可操作的资本量和其作为所有中小合作性组织的流动性管理者的功能，普鲁士中央合作银行对农业和非农业合作银行的发展起到了决定性作用。

因为舒尔茨反对政府对合作组织的干预，所以拒绝参与政府性质的普鲁士中央合作银行的资金融通。其实普鲁士中央合作银行对舒尔茨式手工业者合作社是非常有价值的，其价值很快被手工业者认识到。到19世纪末，他们开始成立大量的购买合作社、销售合作社和信用合作社，并进一步成立自己的协会，建立区域合作银行来与普鲁士中央合作银行合作。这促使卡萨斯（Korthaus）于1901年成立德国非农合作社中央协会。

这样，整个德国的合作体系就有舒尔茨德国自助商业合作总会、雷发巽德国农村合作社总会、哈斯德意志帝国农业合作社全国协会和卡萨斯德国非农业合作社中央协会四个大的全国性合作协会组织。

3.1.1.3 第一次世界大战战后（1918—1945年）的发展

1920年德国自助商业合作总会与德国非农业合作社中央协会决定合并，使得所有非农业合作社统一在德国合作协会（German Cooperative Association）之下，协会变得更加有效率。

1930年农业合作社在普鲁士银行的资助下成立了一个共同的全国性的机构——德国农业合作社协会—雷发巽（German Agricultural Cooperatives-Raiffeisen），该协会是由雷发巽和哈斯两人成立的全国性协会合并而来。德国农业合作社协会在当时是世界上最大的合作社协会，有3,700个合作社会员。

普鲁士中央合作银行自身也在不断变化，越来越多的区域合作银行成为其股东，普鲁士中央合作银行开始从纯粹的政府机构变成一个企业组织，公私利益得到平衡。1932年普鲁士中央合作银行改名为德国中央合作银行，德意志帝国和普鲁士邦各持有银行一亿马克股本金的42.5%。

因为第二次世界大战的缘故，德国合作运动经历了历史上最严重的倒退，战争结束时所有的中央机构都瓦解了。

3.1.1.4 第二次世界大战后的发展

对于德国合作体系的重建来说，中央银行是不可或缺的，德国合作银行（DGK）于1949年成立，它承担了其前任的职责，但其资本主要已经不是被政府持有，而是被合作社自身持有。与之前的中央合作银行不同，新的中央合作银行很快就直接到资本市场融资了。1957年，德国合作银行被授予发行担保债券的权利，首期发行了 10 年期的债券。

1967 年联邦监管局取消了对利率的管制，各类银行竞争加剧，甚至最终促成了农村和城市两种合作协会的全面合并与重组，1972 年第一个农村和城市合作银行联合的全国性协会成立了，这在以前是难以想象的。合作体系内的竞争逐渐降低。

《德国合作银行法案》（DG Bank Act）于 1975 年通过。该法案赋予德国合作银行从事“所有银行交易”的资格，这就直接或间接地有助于其作为中央银行对整个合作体系的发展。该银行发行的债券的数量上限有所提高。这时，作为公法公司组织，政府对德国合作银行的持股比例上限下降为 25%。到 1998 年，德国合作银行完全私有化，联邦德国政府持有的剩余股份由合作银行接收。

2001 年，德国合作银行（DG Bank AG）与区域性合作银行（GZ-Bank AG）同意以 240 亿德国马克（合 105 亿美元）合并，取名为 DZ Bank，成为德国第六大银行。这次合并也使得德国合作银行体系的上层组织的合并达到顶峰。整个德国合作银行体系第二层次和第三层次都只剩一家银行，分别是 WGZ-Bank 和 GZ-Bank。

3.1.1.5 德国合作金融体系的现状

根据笔者查阅资料发现，目前德国的合作银行体系并不是完全的三层金字塔式结构（见图 3 - 1），有一部分是由两层组成。三层中的基层组织是地方合作银行，不仅包括平民银行（Volksbanden）和雷发巽银行（Raiffeisenbanken），而且包括服务于专门行业的合作银行。第二层次是区域性银行，最初是基于地方合作银行建立起来，主要是管理流动性或获得流动性，现在这些区域性银行有相当广泛的业务。第三层次是这个体系的中央银行，就是德国中央合作银行（DZ Bank），其股本由区域性合作银行或合作银行的控股公司持有。

很多地区（主要是在北德、东德和南德）是两层次的合作银行体系，是因为在 1985 年到 1989 年期间这些地区的区域性合作银行将他们的银行业务转交给了德国合作银行（DG Bank）。在这些地区，德国合作银行从事着先前区域合作银行从事的业务，同时还从事全国和国际业务。在这些“两

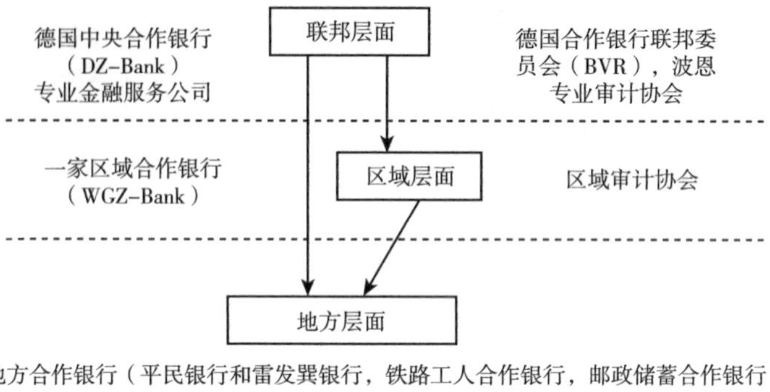

图 3－1　德国合作性金融体系现状结构

层次地区”，地方合作银行直接或通过控股公司持有德国合作银行股份。

该体系还包括许多提供专门金融服务的大型机构。大多数这样的附属公司是由区域性的合作银行、区域性合作社控股公司和德国中央合作银行共同持股。

地方合作银行根据其支持会员的法律义务，它们是会员导向而不是盈利导向的，但是它们也需要获利，因为它们需要支付会员股金利息以及提取公积金。第二次世界大战后，从未分配利润中提取公积金对平民银行和雷发巽银行来说越来越重要，目前这些公积金总量已经超过认缴股本的两倍。因为实缴股本量跟不上业务规模发展速度，所以要通过每年从净利润中提取公积金来扩大股本金规模，否则，平民银行和雷发巽银行将无法满足业务扩展的要求。

除了平民银行和雷发巽银行，铁路工人、邮政雇员和其他的公务员合作银行也是在合作制的基础上进行运作的。关于它们的结构和发展有些特殊的地方。斯巴达银行（Sparda-Banken 铁路工人合作银行）是合法注册的合作社，其第一家银行是在 1896 年成立，作为铁路工人自助机构。它们的信用业务主要包括为了资助购买耐用品，以及居民住宅而发放的个人贷款。邮政储蓄和贷款联合会（Post-Spar-und Darlehnsvereine）于 1872 年成立，是邮政雇员合作银行。它们的业务主要集中在分期贷款和住房贷款。公务员银行（Beamtenbanken）是公务员的自助机构，是合法的注册合作社。它们的目标就是为它们的股东提供有利的存贷款利率以及支付转移。股东或社员皆是政府公务员和其他公共部门及私人部门雇员（然而私人业主没有资格成为会员）。它们的信贷业务主要包括住房、汽车和其他耐用品贷款，以及医疗和教育贷款。

3.1.1.6　制度变迁的主要特征

德国现代合作性金融制度的建立及发展不像其他国家有发源国作为参考，其制度的变迁虽得到了政府的大力支持，但其整个发展历程是自生自发，主要特征有如下四个方面。第一，德国合作性金融组织对于社员最初主要是采用无限责任制，后来因发展需要过渡到有限责任制。第二，由政府发起建立的德国中央合作银行在德国现代合作性金融体系发展过程中起到了巨大的推动作用，后来政府完全退出其投资。第三，德国最初形成的农村和城市合作性金融体系随着时间的推移逐渐走向融合，改变了以往并行发展的格局。第四，由于各地区合作银行流动性调节的需要而形成自下而上入股，自上而下服务的三层组织体系。

3.1.2　法国现代合作性金融制度变迁特征

法国的合作性金融体系可以分为两个系统：一是以农村和广大农户为服务对象的农业互助信贷组织系统；二是以城市手工业者、其他小生产者为对象的合作性金融组织，包括互助信贷组织、合作信贷组织、大众银行及渔业互助信贷组织。其中最具有代表性的三个合作性金融机构分别是农业信贷银行集团（Crédit Agricole Group）、国民互助信贷银行（Crédit Mutuel）和法国 BPCE 银行集团（Groupe BPCE）①。农业信贷银行集团属于合作性金融体系第一类系统，最初主要为农村和广大农户服务，现在已经成长为一个国际性的提供全方位金融服务的银行集团。国民互助信贷银行和法国 BPCE 银行集团属于法国合作性金融体系第二类系统。国民互助信贷银行是一家为中小企业提供融资服务的专业性信贷机构。法国 BPCE 银行集团为中小企业、手工业者提供各种各样的存款和贷款产品、信用支付及财富管

---

①　法国 BPCE 银行集团（Groupe BPCE）是在 2009 年 6 月底由法国人民银行（Banque Populaire）和储蓄银行（Caisse d'Epargne）合并成立的，总部位于法国巴黎，储蓄银行（Caisse d'Epargne）之前并不属于合作性金融机构。

理服务，也透过其附属公司为个人、专业人士、中小企业、大型企业和机构提供国际银行、各类保险、担保及房地产融资等服务。

法国农业信贷银行是法国第一大合作银行，在法国合作银行体系中处于主导地位，可以说法国农业信贷银行是法国合作性金融机构的代表，因此本书将以农业信贷银行集团的发展为例来分析法国现代合作性金融制度的发展及特征。

3.1.2.1 产生及地方、区域合作银行的建立（1884—1990 年）

法国农业信贷银行的历史可以追溯到 19 世纪末，特别是 1884 年瓦尔德克—卢梭法确立了建立专业协会的自由，这促成了农场协会和地方互助银行的建立。1885 年 2 月 23 日在法国汝拉（Jura）地区的萨兰莱班（Salins-les-Bains）成立了农业信贷协会（Société de Crédit Agricole），这在法国是第一次。在此次经验的基础上，为了更好地促进小型家庭农场贷款，1894 年 11 月 5 日法案铺平了建立农业信贷银行地方银行（Crédit Agricole's Local Banks）的道路。第一个地方银行是由当地精英于 1895 年建立的，包括农艺师、教师等，农民在其中的作用很小。在发展早期，主要是在收获季节为农民提供急需的短期信贷。中长期信贷是后来才有的，主要是用来购买设备和牲畜。

1894 年法案并未赋予农业信贷银行任何资金优势，地方银行很快就面临无法解决的金融问题，比如小农户需要资金但又缺乏抵押物。直到 3 年后的 1897 年，政府出面才解决了这一问题。政府要求法兰西银行（Banque de France）给农业信贷银行提供 4,000 万法郎的初始资本（这在当时是令人瞠目的巨款），并随后每年提供 200 万法郎的资金。1899 年，法国政府通过法案，批准成立区域银行，由地方银行联合组成，是地方银行的清算机构。

3.1.2.2 建立覆盖全国的网络（1900—1948 年）

18 世纪末到 19 世纪初，随着越来越多的地方银行和区域银行在世纪之交建立，到第一次世界大战前，法国每个区都至少有一个农业信贷银行。战争结束后，为了重建在战争中受到巨大冲击的农业，需要大量资金的调节。这样，对于农业信贷银行成立一个中央机构的需求变得更加迫切。1920

年 8 月，法国政府成立了一个官方性质的国家农业信贷管理局。1926 年，该机构正式更名为全国农业信贷银行（CNCA），即法国农业信贷银行的总行。至此，一个完整的三级农业互助信贷体系形成了（见图 3－2）。

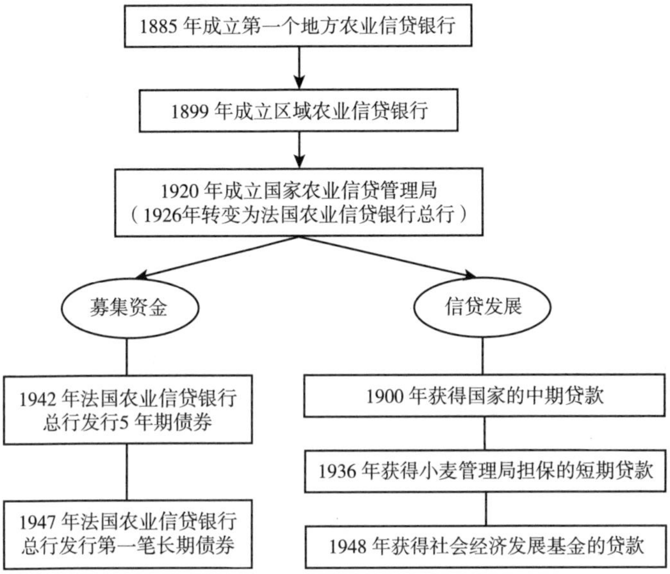

图 3－2　法国农业信贷银行早期发展概览

3.1.2.3　全国性协调机构的成立及发展（1948—1966 年）

1948 年法国农业信贷银行全国联合会（Fédération Nationale du Crédit Agricole，FNCA）成立，是由农业信贷银行与区域银行联合成立的，是代表各区域银行与官方的农业信贷银行总行（CNCA）及其他公共机构沟通的协调机构，基本上是地区行的代议机构，并不参与银行的业务活动，帮助地区行管理某些公共事务，并作为地区代表参与决定农业信贷政策。另外，该组织也负责培训银行工作人员，并逐步扩充农业信贷银行的专业人才。

1959 年，农业信贷银行被授予向农村地区提供住宅贷款的资格，而不考虑贷款人是否是农户的身份。长期债券的发行使得农业信贷银行从 1963 年开始能够自己融资，资金在政府和银行之间的流动开始转向，农业信贷银行开始向财政部存款。

3.1.2.4 向全能银行发展（1966—1988 年）

1966 年，政府为了促进农业信贷银行储蓄的增加，并把其移出政府预算，政府给予了 CNCA 财务自主权。从此，储蓄流入不再经过财政部，CNCA 开始负责平衡区域银行账户。1971 年政府扩展了 CNCA 的融资渠道，并可以服务手工业者、食品生产商等新的客户群体，随后又可以贷款给中小企业，并向大型企业客户拓展。

1966 年的银行改革使得 CNCA 可以提供竞争对手提供的产品，包括存折账户、家庭理财等。20 世纪 60 年代末 CNCA 成立第一家子公司以解决开展股权投资的需求，并随后在 1968 年成立了一家资产管理公司。

1979 年 CNCA 在芝加哥开设了第一家海外分支机构，这标志着其国际扩张战略的开始。在这一年，《银行家》杂志把 CNCA 评为全球领先的银行之一。1984 年，CNCA 开始受法国银行法约束，此前它一直只受农业法（Rural Code）约束，这种转变反映了 CNCA 在银行业的地位。

3.1.2.5 机构改革（1988—2001 年）

1988 年 1 月，农业信贷银行总行私有化法案生效，总行的私有化是按照“非上市股模式”，把全额国家股权以 90% 转让给区域行、10% 转让给雇员的形式实行“股份合作制”。总行具有监控区域行，统一管理集团融资和集中财力进行多元化经营的权利。区域行可以发行没有投票权的投资合作证书（魏建国和王佳欣，2005），通过这种方式公众（不一定是 CNCA 的社员或雇员）可以分享区域银行的收益。随着区域银行对总行直接注入资金，总行内权利的平衡就转移到新的所有者——区域银行。CNCA 开始完全独立于法国政府。1990 年，CNCA 不再享有给农民低息贷款的垄断权，随着 1991 年 CNCA 允许给大型企业融资，其“正常化”过程就完成了。

为了降低成本，区域银行间的兼并重组在 1990 年正式开始，到 2000 年左右，区域银行数量已经减少了一半以上。同时，94 个区域银行中有 18 个通过发售没有投票权的合作投资权证在二级市场上市，但是区域银行的大部分股本仍保留在 550 万社员或顾客手中。

2001 年，总行转变为法人股、内部员工股和上市流通股并存的股份有限公司，其主要股东是39家区域性银行（文娟，2010）。

3.1.2.6　多元化与兼并重组（2001年至今）

21世纪以来，法国农业信贷银行业务更加多元化，并进行了一系列的兼并重组。国际业务也不断拓展。2006—2008年，该行在埃及、乌克兰、希腊和意大利进行了零售银行的收购，在这些国家开展相关业务①。法国农业信贷银行在2009年对非合作性金融机构法国储蓄银行（Caise d'Epargne）进行兼并重组，此次兼并使得法国整个合作银行的储蓄市场份额从之前的48%左右上升到接近60%，贷款的市场份额由原来的50%左右上升到接近70%。

3.1.2.7　法国农业信贷银行体系制度变迁的主要特征

第一，法国农业信贷银行体系的发展在很长一段时期受到政府的主导，这是其发展的最重要特点。法国农业合作性金融机构最初在法国的建立是由民间自发而成，但成立三年来发展困难重重，生存难以为继。政府提供巨资支持其发展才逐渐摆脱困境。而且，第一次世界大战后政府成立农业信贷银行总行这一官方机构作为整个农业信贷银行体系的中央机构，为整个体系提供流动性调节。这种组织结构形式持续了很多年，直到1988年农业信贷银行总行开始私有化。第二，整个体系逐渐形成农业信贷银行全国联合会这一行业自律组织，其不参与银行的业务活动，但帮助地区行管理一些公共事务，也负责对银行工作人员的教育培训。第三，整个农业信贷银行体系自成立以来业务规模、业务范围、业务对象不断拓展，逐渐成为全能银行。第四，随着该体系的不断发展，体系内部的兼并重组不断，而且也进行对非合作性金融机构的并购，贷款和存款市场份额不断提高。该体系不断拓展国际业务，甚至进行跨国并购。

3.1.3　美国现代合作性金融制度变迁特征

美国合作性金融有平行的两个体系。一个是农场信贷体系，服务于美

① 参见法国农业信贷银行网：http：//www. credit-agricole. com/en/Group/History。

国农业的发展；一个是美国信用合作社体系，更多地服务于城市社区居民、同一行业职员等，向社员提供消费性贷款（如汽车、房屋贷款等）。除 1934—1942 年间农场信贷管理局（FCA）负责联邦信用社法案的实施，并负责注册、审核并监管所有的联邦信用社外，两个体系并无太多交集，在各自的领域并行发展，合作也仅限于业务领域，例如对农业的贷款，两个体系并没有像德国那样趋于融合，至少目前还没有。下面对这两个平行体系发展的特征进行分别介绍，最后进行总结。

3.1.3.1 美国农场信贷体系发展特征

美国农场信贷体系是由国会于 1916 年通过法案设立的给美国农业提供可靠信贷资金的美国政府发起并主导的合作性金融体系。这个体系包括按合作制成立的由借款者所有并管理的银行和协会。该体系服务于美国 50 个州和波多黎各，服务对象是农业生产者，农场主所有的农业和水产养殖业合作社，也为农业加工和销售、农村住房建设、农场相关经营活动、农村水利等公共设施建设、国际农产品贸易相关国内外公司提供贷款。[①]

1）早期发展

在 20 世纪初，美国的商业性金融机构和个人为美国农业和农村的发展提供绝大部分的信贷资金，虽然可以缓解资金短缺的问题，但是由于利率高、期限短，这种市场自发形成的金融体系不能满足美国农业在大规模机械化发展中对信贷的强烈需求。1912 年到 1913 年间，经过在欧洲一系列的考察学习，美国政府决定建立一个像德国一样的合作性的农业金融系统为农业和农村的发展提供长期的和短期的信贷。1916 年，美国国会颁发《联邦农场信贷法案》，把美国分为 12 个农业信贷区，在每个信贷区设立一家联邦土地银行，同时建立了几百家联邦土地银行协会（Federal Land Bank Association，FLBA）作为 12 家联邦土地银行的代理机构。联邦土地银行通过其代理协会为农场主提供长期信贷来支持其发展。每个农场主贷款的一部分（5%）用于购买农场信贷协会的股本，这样使得贷款的农场主成为协会的股东。联邦土地银行的资本最初由美国财政部提供。联邦土地银行在

---

① 参见农场信贷管理局网：http：//www. fca. gov/info/index. html。

1947 年偿还了政府股本，全部股份由借款人持有、成为合作金融性质的农业信贷机构。

1916 年的法案不足之处是没有提供短期贷款的渠道。第一次世界大战后农业生产机械化的增加使得来自欧洲的竞争加剧，催生了对短期贷款的需求。1923 年，国会通过了《农业信贷法案》（Agricultural Credit Act），由政府出资在每个信贷区建立一家联邦中介信贷银行（Federal Intermediate Credit Bank，FICB）。联邦中介信贷银行并不直接向个人贷款，但为农业合作社、商业银行和其他贷款机构持有的农业生产者的短、中期票据提供贴现服务，以鼓励和促进金融机构扩大对农业的贷款。到 1968 年，政府资本撤出，股本完全由借款人持有，成为真正的合作金融机构。

2）经济大萧条到 20 世纪 80 年代早期

随后因为经济大萧条的缘故，很多农场主还不起贷款。到 1933 年，约有一半的联邦中介信贷银行倒闭。为了应对这个问题，1933 年国会又通过了两项法律——《紧急农场抵押贷款法案》和修订的《农场信贷法案》。前者期望通过对农场主贷款展期并提供紧急融资来救助破产农场，后者通过建立两种新的机构扩展了农场信贷体系贷款的权限，使其可以向所有类型的农业活动提供信贷支持，这样就构成了完整的农场信贷体系。这两种新的机构一个是为农场主组成的合作社提供信贷服务的合作社银行（Banksfor Cooperatives），每个信贷区一家；另一个是在佛罗里达州设置的中央合作社银行（Central Bank for Cooperatives）。合作银行负责为每个区的农业合作社提供设备贷款、经营贷款、商品贷款和农产品进出口贷款等。合作银行最初由联邦政府出资建立，其后政府资本退出，合作银行股份全部由借款人持有。

1933 年富兰克林·罗斯福总统发布命令，所有现存的农业信贷组织统一受新的机构——农场信贷管理局（FCA）监管。农场信贷管理局在 1934—1942 年间，在联邦信用合作社运动中也扮演重要角色。1934 年，农场信贷管理局负责注册、审核、监管所有的联邦信用社。

1971 年《农场信贷法案》给予银行和相关协会在农业生产贷款方面更多的灵活性，并授权其可以给商业性捕鱼者和农村家庭提供贷款，扩展了其业务领域。1980 年，该法案修订以鼓励贷款给年轻的、小型的、新的农场主。整个农场信贷体系在 20 世纪 70 年代和 80 年代早期增长迅猛（见图 3－3），贷款额最高达到 800 亿美元。

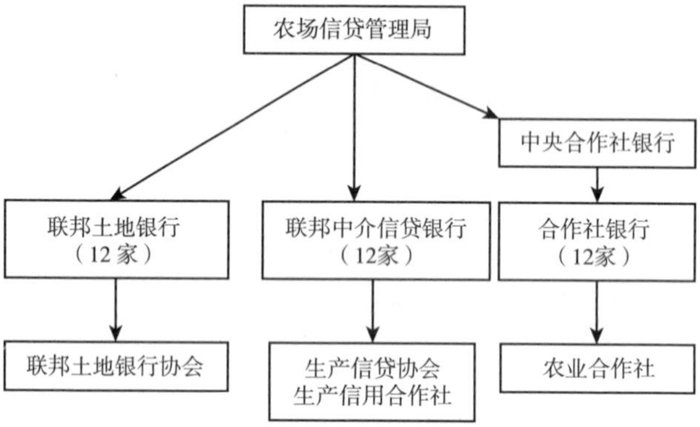

图 3－3　美国农场信贷体系初期完整架构

3）20 世纪 80 年代后

20 世纪 70 年代，因为美国农业出口的需求强劲，农场主为了扩张产业大量借贷。到 80 年代，美国联邦储备委员会为了抑制通胀，收紧银根，利率飙升，加上欧洲和发展中国家农业也大幅增长，导致美国农业成本上升，农产品价格却不断下降，致使美国农场信贷体系出现大量坏账，损失严重。为了应对危机，1985 年通过《农场信贷修正法案》，增加了农场信贷管理局的权利，对直接贷款机构每年至少进行一次审查，确保陷入困境的机构采用安全、稳健的银行操作规范，纠正违反规定的行为。该修正法案还设立了农场信贷体系资本公司对财务状况不佳的机构和借款者提供技术和财务上的协助。但很快发现该公司并不能胜任对其赋予的使命。1987 年《农业信贷法案》成立了金融援助公司（FCS Financial Assistance Corporation）①、农场信贷体系保险公司（Farm Credit System Insurance Corporation）、联邦农业抵押贷款公司，为农场信贷机构提供扶持、融资、保险等服务。并且根据该法案，每个信贷区的联邦土地银行与联邦中介信贷银行合并为农场信贷银行（Farm Credit Bank，FCB），相应的土地银行协会与生产信贷协会合并组成农业信贷协会（Agricultural Credit Association，ACA）。后来，有的农

① 金融援助公司完成法定任务后，于 2006 年解散。

场信贷银行又与合作社银行合并形成农业信贷银行（Agricultural Credit Bank，ACB）。到 1999 年 7 月 1 日，最后一家合作社银行——圣保罗合作社银行并入农业信贷银行（CoBank，ACB）。另外，农场信贷银行之间也不断兼并重组，截至 2016 年 1 月 1 日，整个农场信贷体系只剩 3 家农场信贷银行（见图 3－4）。

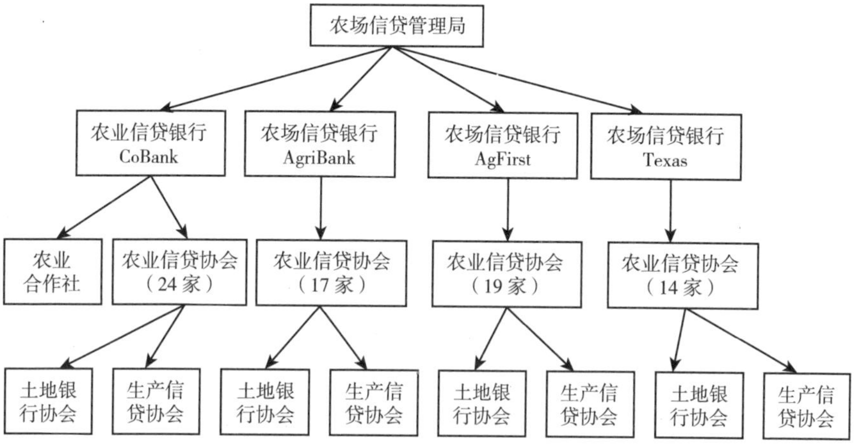

图 3－4　美国农场信贷体系最新架构（截至 2016 年 1 月）①

2016 年是美国农场信贷体系建立 100 周年。这 100 年来，美国农场信贷体系的发展展现了美国政府持续的变革，在该体系遇到问题时恢复其融资能力和农业领域市场主体地位的意图。通过不断的改革，对法律的修订和完善，政府管理越来越严密，试图在最大限度规避金融风险的同时促进农场信贷体系的发展，信贷资金真正流向农村和农业，支持农业发展。

美国农场信贷体系中所有的银行和直接贷款协会都是按合作制成立的。每个机构都由向其借款的农场主所有和管理。他们通过设定规则并作出决定来控制信贷机构，这有助于使机构真正致力于服务农村的信贷需求。

整个农场信贷体系也和世界其他地方的合作社一样，是按照下面七个原则建立的。这些原则可以追溯到 1844 年在英国建立的第一个现代意义的合作

① 未包括农场信贷体系保险公司、联邦农业抵押贷款公司和其他专业服务机构（归农业信贷银行所有的 AgVantis，Inc，农业信贷出租服务公司，农场信贷财务合伙公司，农场信贷体系建造协会和农场信贷基金，后文还会提到）。

社——罗虚代尔公平开拓者协会（Rochdale Society of Equitable Pioneers）。

（1）自愿和社员开放原则。合作社自愿参加，并对所有能够使用合作社的服务同时愿意接受会员应担责任的人开放，没有性别、种族、政治和宗教的歧视。

（2）民主管理原则。合作社是由社员控制的民主管理组织，由社员平等参与制定政策和作出决策。

（3）社员经济参与贡献原则。合作社盈余按社员与合作社的业务量所占比重返还，而不是按他们投入资金量的比重返还。

（4）自治自立原则。合作社是由社员控制的自主、自助组织。合作社可以与其他组织达成协议或从外部筹集资金，但要在不影响社员的民主管理与自主管理的条件下才行。

（5）教育、培训和信息沟通原则。合作社为社员、选举出的代表、管理人员和雇员提供教育和培训，让他们更好地为合作社的发展服务。社员也需要就合作社的本质特征和所带来的益处和大众沟通。

（6）合作社之间的合作原则。合作社通过地方的、区域的、国家的、国际的合作来更有效地服务社员、促进合作运动的发展。

（7）关心社区原则。在关注于服务社员需要的同时，合作社也通过社员接受的政策和项目来为社区的可持续发展服务。

2005 年，农场信贷管理局（FCA）做了一个调查发现，像大部分其他合作组织一样，农场信贷体系内机构总体上遵循三大核心合作社原则：使用者所有（user-ownership）、使用者控制（user-control）和使用者受益（user-benefit）。这些原则是该体系合作实践背后的基础。

3.1.3.2 美国城市信用合作社体系发展特征

美国信用合作社体系的产生并不像美国农场信贷体系那样是由政府主导建立的，而是由民间自发组织起来的。

1）早期建立

现代信用合作社在北美的发展开始于 1900 年 9 月加拿大魁北克省的阿尔方斯·帝亚鼎（Alphonse Dejardins）创立莱维平民银行（La Caise Poulaire de Levis）（1901 年 1 月正式开业）。美国第一家信用社的建立也是在帝亚鼎的帮助下成立的。帝亚鼎得知美国新罕布什尔州曼彻斯特市的圣玛丽教堂打算建立一个信用社，他就来到曼彻斯特，帮助建立了圣玛丽平民银行，即今天的圣玛丽银行（St. Mary's Bank）。美国第一家信用社就这样在 1909 年开业了。但这第一家信用社的建立没有法律依据。在商人和慈善家爱德华·费林（Edward Filene）和曼彻斯特银行专员皮埃尔·杰伊（Pierre Jay）的帮助下，马萨诸塞州信用社法于 1909 年 4 月通过，为后来州信用社法和联邦信用社法的立法奠定了基础。

2）1920—1930 年间发展

20 世纪 20 年代，美国信用社运动越来越受欢迎。这时美国经济逐渐走向繁荣，美国的家庭在经济上变得较为宽裕，开始有能力购买耐用消费品，如汽车、洗衣机、电冰箱等，但用手中现金支付购买还是感到有些困难，需要较为廉价的信贷来买到这些东西。当时的商业银行和储蓄机构对提供消费贷款没有什么兴趣，信用社为这些消费者提供分期信贷，满足了他们的需求。这使得信用社的概念深入人心。

1920 年，爱德华·费林雇用罗伊·伯金格林（Roy Bergengren）来管理马萨诸塞州信用社协会，促进信用社的发展。一年内，马萨诸塞州批准成立了 19 家新的信用社。1921 年 7 月，在费林的资助下，伯金格林通过努力成立了一个全国性的协会信用社全国拓展局（Credit Union National Extension Bureau，CUNEB）来促进整个美国信用社的发展。到 1925 年，15 个州通过了信用社立法，允许开设信用社的州达到 26 个。到 1930 年，32 个州通过了信用社合法化法案，信用社达到 1,100 家。

3）经济大萧条到第二次世界大战结束

经济大萧条时期，尽管有些州的信用社数目有所减少，但全国信用社总数是增加的。1934 年 6 月，《联邦信用社法案》（Federal Credit Union Act）获得通过，罗斯福总统签署生效。1934 年 8 月，全美信用社协会（Credit Union National Association，CUNA）成立，为信用社运动的民主管理打下了基础，建立了框架。1935 年，全美信用社协会执行委员会成立信合保险公司（CUNA Mutual Insurance Society），以满足信用社运动的保险需要。1936—1941 年，信用社数目从 5,241 家增加至 9,891 家，差不多增加了 1 倍，会员人数也从 110 万增加至 330 万，而总资产额从 8,200 万美元增长到

3.22 亿美元，约增长了 4 倍。但战争的到来使信用社的数目严重下降，破产清算的信用社比新建的信用社还要多，这是之前没有遇到的。

4）第二次世界大战后到 1980 年

第二次世界大战结束后，全美信用社协会和州协会迅速行动起来促进信用社的发展，信用合作运动又开始蓬勃发展。随着信用社的发展，运营变得复杂且花费时间，导致信用社的志愿工作者无法完全应付。信用社发展中需要专业管理人员，就雇用了成千上万的人，信用合作运动中出现了专业化的管理队伍，原先不计报酬的志愿者进行管理的原则开始发生重大变化。到 1960 年，联邦信用社有 10,000 多家，信用社社员数超过 600 万人。

这期间在立法上有两大进展：一是建立一个相对独立的对联邦注册信用社实施监督的机构的议案获得通过，即美国信用社管理局（NCUA）。美国信用社管理局经费来源不是税收，而是向联邦注册信用社收取的监管费。二是 1977 年联邦信用社法案的修订。修订案准许联邦注册信用社发放 30 年期的住房抵押贷款、12 年期个人贷款。

1974 年，美国中央信用社（U. S. Central Credit Union）成立，它是各州协会的中枢。美国中央信用社的成立标志着信用社金融系统开始形成。有了中央信用社系统，信用社就可以在信用社系统内进行拆借和投资活动而无须依赖外部资金来源。

5）20 世纪 80 年代以来的发展

20 世纪 80 年代早期，信用社被高通胀率、高利息率和难以克服的经济衰退困扰。限制存款利率的 Q 条例的取消，使得金融机构之间的竞争变得越来越激烈，信用社数目减少了许多，不少效率低下的信用社因无法应对新规则和激烈的竞争，不得不与规模大、效率高的信用社合并。信用社数目从 1980 年的 20,000 多家锐减到 1989 年的 15,000 多家，但同期会员数反而从 4,400 万人增加到 5,990 万人。

20 世纪 90 年代到 21 世纪初，美国信用社作为一个整体继续扩张。然而到 2008 年，整个信用社体系的稳定性面临严重的、史无前例的威胁。从危机一开始，美国信用社管理局就采取了重大举措，并与国会、美国财政部、美联储和其他相关机构一起合作来维护整个美国信用社体系的安全。

现在，美国信用社体系仍在继续应对各种经济挑战，但整个体系在应对危机的过程中展现了其弹性。美国信用社管理局也在为增强信用社体系的安全性、稳健性和为更多美国人服务而不断努力。

3.1.3.3　小结

首先，美国现代合作性金融制度的主要特征之一是具有界限分明的农场信贷体系和信用社体系，一个服务于农业，一个服务于城市居民和消费者。不像德国农业合作性金融组织和城市合作性金融组织实现了融合，有统一的中央合作银行，也不像法国城市合作性金融有许多不同类型的城市合作性金融组织，相互独立，没有形成统一的联合，较为分散。其次，两个体系均与商业性政策性金融展开业务上的合作，互相促进，共同发展。另外，随着外部环境的变化，不管是农场信贷体系还是信用社体系，各自体系内部都出现了一系列的兼并重组，合作组织数量减少，但社员人数是不断增加的。

3.1.4　日本现代合作性金融制度变迁特征

日本合作性金融也分为农村和城市两个系统。农村合作性金融组织的形成比较成体系，而城市合作性金融组织没有形成完整统一的联合。这一点与法国比较接近，但与法国不同的是日本农村合作性金融体系中央合作机构没有像法国那样很长一段时间是一个官方机构，由政府完全控制。

3.1.4.1　日本农村合作性金融体系发展的特征

日本的农村合作金融体系不是一个独立的系统，而是依附于“农业协同组合”体系（简称农协），但同时又具有独立的融资功能，这是其最主要的特征。

1）早期发展

日本农协成立于第二次世界大战后的 1947 年，至今已经有 70 多年的历史。农协的前身可追溯到 1900 年，那年日本政府颁布了《产业组合法》，以帮助中小生产者通过互助合作提高生产能力，创立了信用组合、销售组合、购买组合及生产组合等四种组合制度，即各种类型的合作社。1943 年为战时需要颁布《农业团体法》，建立农会组织。1947 年，日本农业濒临崩溃，出现粮食危机。在这种背景下，日本建立农协并按罗虚戴尔原则制定专门法律《农业协同组合法》，在全国范围建立农协，使日本农协走上了法治化发展轨道（杨承建，2011）。农协运作的组织结构见图 3－5。

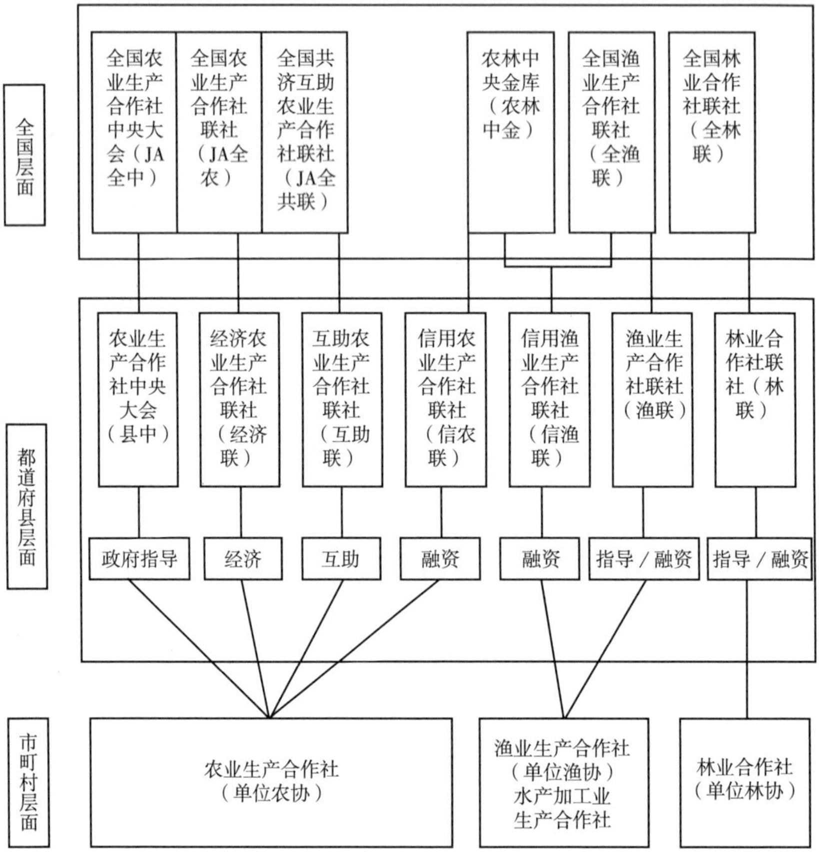

图 3－5 农林渔业合作社系统的组织结构

早期农协中的合作金融机构基本上是按行政区域设置的，由三个层次、三个业别组成。三个层次分别是市、町、村基层农协（包括 Japan Agricultural Cooperatives，JA；Japan Fishery Cooperatives，JF；Japan Forestry Cooperatives，JForest），中层的都、道、府、县信用联合会（信农联 Shinnoren 及信渔联 Shingyoren，没有信林联）和高层农林中央金库。

基层农协金融机构，即综合农协是最基础的一级，入股的是市町村的农民、其他居民和团体，除信用业务外，还兼营保险和供销等业务，不同于其他国家的农村信用社，是日本的一个显著特色（刘洁和张洁，2013）。

信农联和信渔联是日本农村合作金融系统的中层机构，在基层农协和农林中央金库之间起桥梁纽带作用。入股的是所在区域各综合农协和本地区农协的县一级其他事业联合会及非农协的其他农业团体（杜朝运和张洁，2006）。

农林中央金库为中央一级，在合作性金融系统中居于最高地位，总部设在东京，全国有36个分支机构。该机构最早成立于1923年，由日本政府和县信联共同出资建立，并由政府派人管理，是半官半民机构。1943年改为现在的名称，1959年农林中央金库全部偿还了政府投资，变成真正的民办性质的合作性金融机构，在《农林中央金库法》约束下运作。农业合作社（JA）[①]、渔业合作社（JF）和林业合作社（JForest）是在“我为人人，人人为我”的口号下通过各自内部的个人社员共同合作，以提高农民、渔民和林中居民的经济和社会地位为目的而建立的。农林中央金库根据《农林中央金库法》的要求通过金融支持促进农业、渔业和林业的发展，进而促进整个国家经济的发展，在日本具有很重要的地位和作用。

农、林、渔三个系统从事金融业务时，除林业协同组合（Shinrinkumiai）不办理存款，只办理贷款业务外，农业及渔业金融机构均可从事存贷款业务。存款业务方面，由会员将资金存入基层农协，然后基层农协再转存到中层的县信用联合会，再转存到农林中央金库。必要时农林中央金库可以融资给中层的县信用联合会，县信用联合会可融资给基层农协，基层农协再放款给其会员，如此形成上、中、下三个层次的关系（见图3-6）。

三级组织各自独立核算、自主经营，相互之间没有行政隶属关系，上级组织主要运用经济手段对下级组织进行指导，整个体系内形成了相对独立的资金运行系统，保证了体系的运行效率（刘增彬，2013）。日本农村合作金融体系（见图3-7）通过覆盖整个日本的网络体系为日本的农林渔业发展服务，并为当地居民的生计提供金融支持。

---

① 此处农业是指狭义的农业概念，主要指农作物种植。

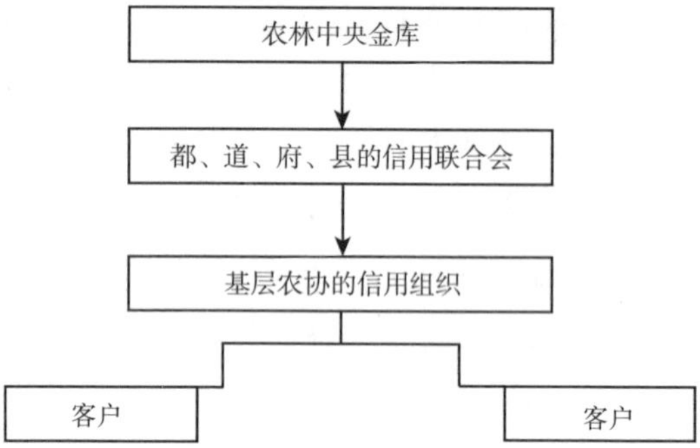

图 3－6　日本农村民间合作金融体系

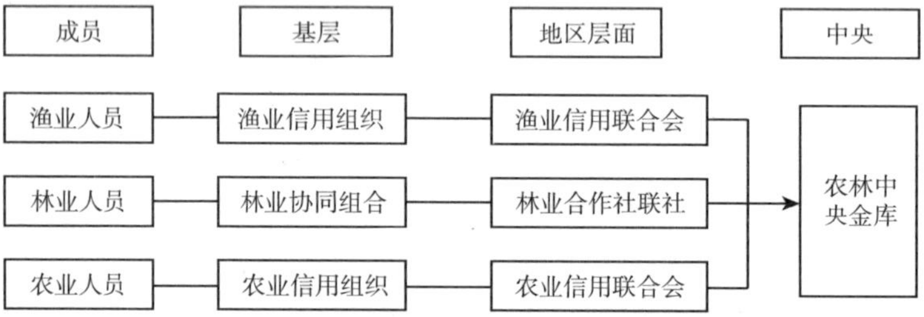

图 3－7　日本合作金融各级机构的组成

20 世纪 50 年代，日本农村经济还处于战后恢复阶段，对资本有迫切的需求。日本政府大力支持农协合作金融体系的发展。政府加大了立法力度，强化对农协合作金融的依法管理，并强化财务监督。与此同时，日本政府向农协下拨财政资金以弥补农民投资的不足，当时的农业预算支出曾占到整个国民经济总投资的 1/5，这是一个世界纪录。为了更有效地支持农业发展，1953 年日本政府专门建立农林渔业信用公库，向农业提供长期低息贷款。据统计，当时农协系统合作金融向农业的贷款占到 65%，对农业的恢复和发展起到了非常重要的作用（高伟，2005）。

2）20 世纪 60 年代以后的发展

20 世纪 60 年代后，农协体系不管是在业务还是服务对象都出现了扩展，这也是农协体系随着经济发展自身不断拓展规模和提升服务的体现。农村合作性金融体系在满足农协会员资金需求的基础上开始向体系外提供服务。70 年代开始，随着专业化、机械化和信息产业的兴起，系统内兼并重组加剧，全国购买和销售农协联合会合并，不少基层农协业进行合并，业务开始涉及保险、信用等。到 1990 年基层农协的数量与 1961 年相比减少了 70% 以上。并且从 90 年代开始，农协体系跨区的合并也开始展开，并计划将三层的组织体系重组为两层（温信详，2013）。

截至 2015 年 3 月，日本已经在 12 个县域完成了组织体系的"瘦身"，这 12 个县域原来包括农业协同组合、信农联和农林中央金库三个层级的组织体系（见图 3－8）转化为只包括农业协同组合和农林中央金库两个层级的农业合作金融体系。渔业合作金融体系也对自身进行改革以更为稳健和更为效率。通过渔业合作社的合并把从事信贷业务的渔业合作社转变为信渔联。这样，开展信贷业务的渔业合作社的数量从 2009 年 3 月的 875 家下降到 2015 年 3 月的 101 家。

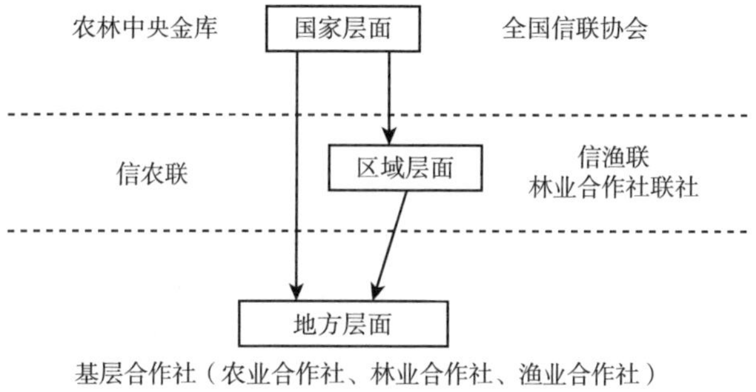

图 3－8　日本农村合作金融体系现状结构

3.1.4.2　日本信用金库发展特征

信用金库是主要为城市居民个人或中小企业服务的合作性金融机构，是根据 1951 年 6 月颁布的《信用金库法》建立并运营的。会员资格有一定的地域限制，一般限于信用金库所属地域从业的人员或居民，或员工人数在 300 人以下，资本金 9 亿日元以下的中小企业主。会员相互之间在行使表决权方面是平等的，无论出资额的大小，均实行一人一票制。考虑到会员人数众多，信用金库设立了总代会作为决策机构，取代最初的全体会员大会，总代会由会员中选出的代表组成。会员有权按照《信用金库法》的规定获得贷款，使用资金。信用金库的法律定位是非盈利性法人组织，其盈利按照出资比例进行分红。信用金库业务范围受到限制，体现出会员组织的特性。信用金库最具代表性的是存款、贷款和外汇三个业务。近年来，投资信托、保险等其他业务也不断增多。

3.1.4.3 日本劳动金库发展特征

劳动金库是主要为城市劳动者服务的合作性金融机构。《劳动金库法》第一条对劳动金库的目的进行了规定，其目的是工会和消费生活合作社等进行的福利共济活动，通过提供金融服务促进其健全法制，并提高劳动者的经济地位。《劳动金库法》第五条对劳动金库的运营限定为：不得以营利为目的开展事业；不得仅以特定会员的利益开展事业；必须在政治上中立。

以前，劳动金库将一个都道府县区域作为地区，日本全国一共设有47家劳动金库，几乎每个都道府县均设有一家劳动金库。但近畿劳动金库成立（1998年10月）以后，推进了各地区的组织合并。目前，全国有13个劳动金库。此外，作为劳动金库的中央机构，设立了作为系统上层金融机构的劳动金库联合会和作为行业团体的社团法人全国劳动金库协会。

劳动金库的会员是由各金库地区内的工会、生活合作社以及其他劳动者组织和运营的团体（共济会、互助会等）组成，并且以对劳动金库出资为条件。关于会员数量，截至2011年3月末为57,886个团体。对这些会员授予事业的利用权以及金库运营的参与权。由于构成会员团体的劳动者等个人不是直接会员，因此作为劳动金库的间接构成成员被称为“间接构成成员”，可利用劳动金库的事业。在每年度发生的剩余中，对会员按出资金进行分红，以及按利用量进行分红。

3.1.5 印度现代合作性金融制度变迁特征

印度的合作性金融的历史也非常悠久，近些年其在金融市场的份额呈上升趋势。印度现代合作性金融也有两个平行的体系：农村信用合作体系和城市信用合作体系（见图3-9）。本节将分别对其发展特征进行分析。

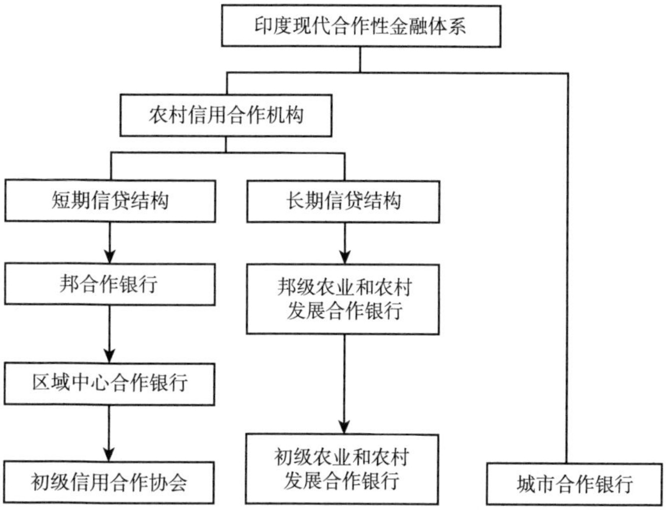

图 3－9　印度现代合作性金融体系结构

3.1.5.1　印度农村合作性金融体系发展特征

印度农村合作性金融体系的发展总体上可以分为两个阶段：殖民地时期和独立建国后的发展时期。

1）殖民地时期的发展

近代印度的农村合作性金融发展是以其第一部《信用合作法》而展开的。这部法律由印度殖民地政府于 1904 年指派专门的法律委员会制定，其目的是使农民从沉重的长期高利贷债务中解放出来，利用合作性金融组织来减轻农民的负担，并且指导农民如何合理使用贷款。殖民地政府于 1912 年在第一部法律的基础上颁布了新的法律，新法使得一批信用联社和中心合作银行得以建成。在 5 年后，政府进一步下放立法权，各邦都可以根据实际情况制定适合自身的合作金融制度，这也促成了印度的信用合作社多样化。建成的农村信用合作系统将合作性金融在农业领域的优势发挥得淋漓尽致，农村信用合作体系成为了当时印度最重要的农业信贷机构。但碍于 20 世纪 30 年代的经济萧条，农村信用合作机构的不良贷款逐渐增加，合作金融受到重挫，到 40 年代得到一定程度的复苏。为进一步提升农村信贷服务，印度对农村信用机构进行了整合，从1926年开始，殖民地政府成立了土地抵押银行（LMB），至印度独立时，全国拥有共5个中心行和284个基层银行。

2）独立建国后的发展

印度于1947年独立后，新政府仍继续支持合作运动。成立于1954年的全印农村信贷调查委员会（RCSC）在全面调查后系统规划了新时期的农村金融发展方案。RCSC提出了针对原有合作体系重组的“三原则”：各级信用社建设权利下放原则、各类型合作社协调发展原则、信用机构管理专业化原则。新政府大力发展农村信用合作体系，意图在独立后的第一个五年内将全国一半的农村地区和约1/3的农业人口纳入农村信用合作体系中来。在第二个五年计划中，政府按照RCSC的规划，建立三级农村信用合作体系：第一层级是邦一级的合作银行和中心土地抵押银行；第二层级是区一级的合作银行、邦合作银行分行以及初级土地抵押银行；第三层级是基层信用社和初级土地抵押银行。

新政府扩大了土地抵押银行的贷款范围，在债权债务业务及土地买卖业务基础上加入了农业设备贷款。印度于1963年设立了农业再融资公司（ARC）为合作机构提供资金支持。1975年，新政府进一步改组土地抵押银行为土地开发银行（LDB），进一步扩大农业再融资公司的经营范围，将其重组成农业再融资和开发公司（ARDC）。1982年7月，印度将印度储备银行农业信贷部、农村计划和信贷办公室与农业再融资开发公司合并，成立全国农业和农村开发银行（NABRD），并进一步拓展其业务至非农领域，甚至可以吸收存款。1969年，农村金融体系向14家国有商业银行开放。至此，印度农村金融体系结束了长达17年的单一信用合作体系。1970年，详细的法律细则出台，商业银行可以直接或通过初级社向农民提供贷款，需要注意的是，直接贷款适用于长期贷款，而中短期贷款则仍需通过初级社。和商业银行的合作并未改善信用合作社的经营管理水平，这也成了印度农村信用机构长期存在的缺陷。

3）发展现状

经过多年的发展，印度农村信用合作机构呈现出以下几个特征：

一是分为长期和短期两类合作性金融机构，即负责长期贷款的农业和农村发展合作银行和负责短期的各级信用合作机构。

二是印度短期合作性金融机构呈三级结构，即分为邦合作银行（State Cooperative Bank，SCB）、区中心合作银行（District Central Cooperative Bank，DCCB）以及乡或村级初级农业合作协会（Primary Agricultural Cooperative Societies，PACS）。2004 年底，印度有 31 家邦合作银行及其 742 个分行。到 2009 年，全国共有邦合作银行数量未变，分行增加到 992 个。区是印度邦级以下的一级行政管理层次，区中心合作银行是印度中间层次的农业合作金融组织，是邦合作银行在区一级的结算中心。到 2009 年，区中心合作银行增加到 373 个，营业网点 13,233 个。初级农业合作协会是印度最基层的农业信贷合作机构，主要面向农民开展存贷款业务，为成员的农业经营活动提供信贷支持。到 2009 年，印度全国初级社总数降到约 9.56 万个（冉杰，2008；马红燕，2011）。三个层次的农业信贷合作机构覆盖全国 99.5% 村庄的信贷业务，在印度农村经济中扮演重要角色。

全国邦合作银行联合会是农业信贷合作机构在国家层面的行业协会组织，其职责是保护各级信贷合作机构的利益，代表合作银行向政府或联邦储备银行提出建议，对各邦的信贷合作机构提供咨询服务。

三是印度农业和农村发展合作银行采用了二级结构模式：20 家邦级农业和农村发展合作银行（State Cooperative Agricultural and Rural Development Bank）和 696 家初级农业和农村发展合作银行（Primary Cooperative Agricultural and Rural Development Bank）（马红燕，2011）。

3.1.5.2　城市信用合作体系特征

印度第一个互助协会 Anyonya Sahakari Mandali 于 1889 年在 Vithal Laxman 的指导下成立，也称为 Bhausaheb Kavthekar，城市信用合作协会就是在互助协会基础上组建的。1904 年《信用合作社团法》通过，同年 10 月第一家城市信用合作社团注册成立。在早期信用合作协会中，成立于 1906 年的 Bombay Urban Co-operative Credit Society 最为知名。1913—1914 年的银行危机使得 57 家银行倒闭，政府对合作性金融的推动使得大量存款从股份制银行向城市信用合作社转移。

2009 年，印度共有 2,090 家城市信用合作社，占银行业总数的 10%，是银行体系的重要组成部分。虽然政府对城市信用合作社也提供支助与外部监管，但其演进主要是顺其自然，政府并未过多干预，与农村信用合作社的发展存在着明显的不同之处（李文仁，2010）。

3.2 对现有研究成果或观点的修正

上一节已对几个主要国家现代合作性金融制度变迁特征进行了分析，书中信息包括了这些典型国家现代合作性金融制度发展的最新进展，这些信息与许多现有研究成果是不相符合的。许多研究对于合作性金融制度现象的运用只是简单地沿用之前研究中提到的，而没有去考察其最新发展情况，这样得出的结论或解释就很难是正确的了。另外，笔者对一些观点也不大认同，一并总结如下：

3.2.1 法国农业信贷体系已不是“上官下民”式组织结构

目前国内的研究文献（如：鲍静海和吴丽华，2010；岳志，2002）几乎一边倒地认为法国农业信贷体系是“上官下民”式的组织结构，即法国农业信贷系统将民间的金融合作与政府对农业合作金融的支持有机地结合起来。农业信贷银行总行是官方行政机构，是法国农业信贷银行的最高法人代表，由农业部和财政部双重领导，其管理层由财政部、农业部、中央银行等委派官员参加，与各区域合作银行代表共同组成理事会；中间层级的区域农业信贷银行和基层的地方农业信贷银行则是合作制的金融企业组织（见图3－10）。

但这种“上官下民”式组织结构随着农业信贷银行总行的私有化而被打破。1988年，总行按照“非上市股模式”，把全额国家股权以90%转让给区域行、10%转让给雇员的形式实行“股份合作制”。总行私有化后，法国农业信贷银行体系整个三层结构都是合作性金融机构，总行事务受政府

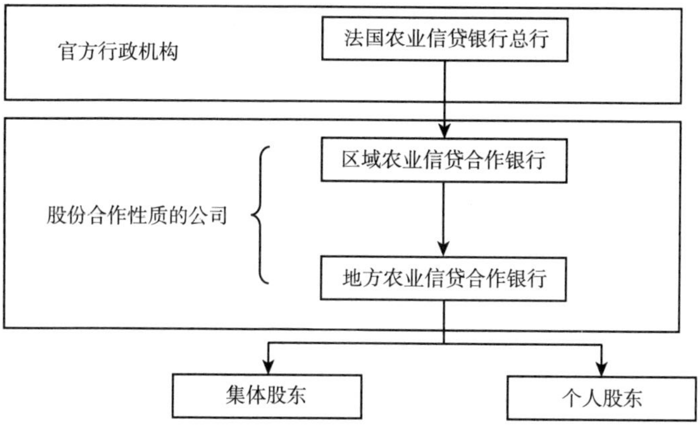

图 3-10　法国农业信贷银行早期完整架构

行政干预大大减少，政府对法国农业信贷银行的影响更多是从宏观上对其进行监督，毕竟农业信贷银行的良好发展与整个法国金融体系乃至整个国家经济的良好发展都是密切相关的。

另外，需要指出的是，在现代合作性金融制度发展过程中，并不是只有法国农业信贷体系出现这种“半官半民”式组织结构，在本书重点研究的几个典型国家中，以目前掌握的资料看，至少在德国、美国、日本也出现过。

在 20 世纪初，当时的普鲁士政府为了应对农业面临的国外竞争压力，由政府完全出资建立了普鲁士中央合作银行以更好地满足中小型农场及相应合作社的融资需求，由公务人员管理，是名副其实的官方金融机构。1932 年普鲁士中央合作银行改名为德国中央合作银行。随着德国合作性金融体系的发展，政府对德国中央合作银行的持股比例不断下降，直到 1998 年实现完全私有化，联邦德国政府持有的股份由合作银行接收。

美国整个农场信贷体系完全是政府一手推动建立起来的。政府为了促进农业的发展出资筹建了联邦土地银行、联邦中介信贷银行和合作社银行各 12 家，并受农场信贷管理局（FCA）监管，是准政府机构，后来政府资本陆续退出，整个农场信贷体系成为完全的合作性金融体系。

日本农林中央金库成立于 1923 年，由日本政府和县信联共同出资建立，并由政府派人管理，也是准政府机构，在日本农村合作性金融系统中居于最高地位，直到1959年政府资本完全退出，成为真正的民办性质的合作性金融机构。

3.2.2 德国合作性金融体系已不是典型的三层金字塔式组织结构

现有国内文献一般都认为德国合作性金融体系是典型的三层金字塔组织结构，即基础层是地方合作银行或信用合作机构，中间层是区域合作银行，顶部是德国中央合作银行（DG Band）。整个合作金融体系从下至上逐级持股，下层合作银行持有上一层合作银行的股份，但三个层级都是依法注册的独立法人，没有隶属关系。这样的组织结构已经时过境迁。德国合作性金融体系前期完整结构参见图3-11。目前，整个德国合作性金融体系中间层区域合作银行只剩下一家（WGZ-Bank）。德国目前很多地区（包括北德、东德和南德）只剩两层的合作金融体系。因为在1985—1989年间这些地区的区域合作银行将它们的银行业务转交给了德国中央合作银行（DG Bank），也就是在这些区域，德国中央合作银行代替了区域合作银行的职能，整个组织结构趋向扁平化。

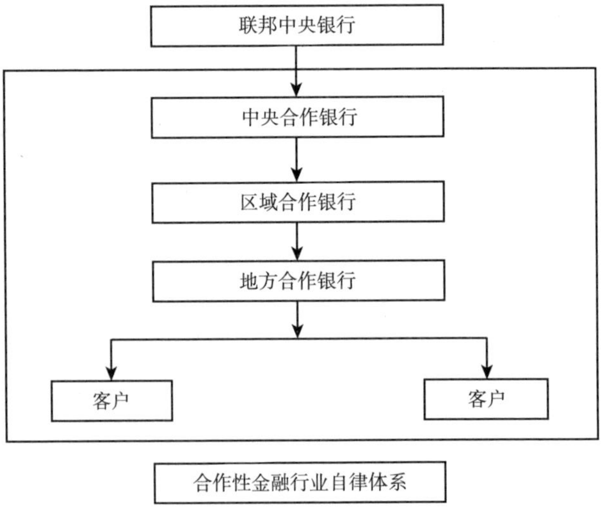

图3-11 德国合作性金融体系前期完整结构

3.2.3　城市合作性金融也具有普遍适用性

根据笔者对德国、美国、法国、日本、印度五国现代合作性金融制度的考察，发现这些国家并不是只有农村或农业合作性金融体系，城市合作性金融体系也很发达，但现有国内研究对它们涉及很少。笔者认为可能的原因有两点：一是总体来说，城市商业性金融比较发达，一般能满足人们对金融的需求，所以不管是政府还是学者，对城市合作性金融这一可选择的金融服务途径关注不够。二是农村、农业问题是一国经济发展的基础性问题，政府关注，期望通过发展农村或农业合作性金融解决农村、农业发展资金不足问题，许多学者也热衷于改进社会，所以对农业或农村合作性金融关注就较多，而对城市合作性金融关注较少。

事实上，通过前文笔者对五个国家现代合作性金融制度发展历程及特征的梳理，我们会发现法国、美国、日本和印度四国的合作性金融体系都有两个系统。美国有平行的两个合作性金融体系：服务美国农业发展的农场信贷体系和服务于城市居民消费者的信用合作社体系。许多学者研究美国合作性金融体系时总是顾此失彼。法国除了以农村和农民为主要服务对象的农业信贷银行体系外，还有以国民互助信贷银行和 BPCE 银行集团为代表的主要服务城市手工业者、小生产者的信贷合作机构。日本除了有依附于农协的农村合作性金融体系，还有信用金库、劳动金库等主要服务于城市居民及中小企业的城市合作性金融机构。印度也是农村信用合作体系和城市信用合作体系两个平行的合作性金融体系。德国的特殊之处在于其最初也具有界限清晰的农村和城市合作性金融两个系统，只是随着其不断发展，两个系统融合在了一起，有共同的中央合作银行，整个国家的合作性金融体系实现了最高程度的联合。

经济发展的非均衡性和多层次性决定了城市合作性金融也具有普遍适用性，我们应予以更多关注。我国正处于城镇化发展的关键时期，对金融的需求是强烈的，但整体供给不足。农业现代化、提高城镇低收入群体收入及中小企业的发展需要金融的大力支持，发展城市合作性金融是一个很好的选择。

3.2.4 合作性金融机构对外按商业性原则交易不是异化

不可否认，合作性金融机构的服务对象主要是社员，在资金极其短缺的情况下，特别是现代合作性金融产生早期，信用合作组织一般严格规定只能向会员进行贷款或开展其他金融服务，甚至限制社员贷款只能用于生产，不提供消费信贷。

但随着合作性金融组织和体系的不断发展，当其已突破资本短缺的局限条件后，按商业化的原则对非社员进行贷款这种行为本身并不必然会对合作性金融体系造成损害，如果注意风险控制，处理得当，是会促进整个合作性金融体系的进一步发展的，并不是异化的表现。笔者认为，只要合作性金融机构或体系依然是以社员为导向的，以社员的福利提升为主要目标的，由社员控制并且是按“一人一票”制进行民主管理的企业经营行为，都不能归为异化的表现。

为了控制风险，为了合作性金融机构的整体利益，各国合作性金融组织在满足自己内部成员需求的情况下对非社员经济主体的服务也是受到一些规则限制的。这当然是一种合约的安排。如日本农协规定农协剩余资金可以向非会员提供贷款，但贷款额不得超过会员贷款规模的20%。

3.2.5 合作性金融机构也可以有某些商业性和政策性金融功能

3.2.5.1 合作性金融机构的商业性金融功能

前文已经提到，在很多国家，随着合作性金融体系的不断发展，其在满足自己成员的情况下还可以服务于非合作体系成员，其资金的来源和使用在一定规则或合约的约束下都可以是商业性的。当这些合作性金融机构面对非合作体系成员这种第三方时它们扮演的是商业性银行的角色，是按市场价格机制、市场交易原则提供服务，实现的是商业性金融的功能。但这种商业性金融功能的实现，其最终目的却是为合作性金融机构会员利益服务的，并不违反合作制的原则。对于合作性金融机构来说，拿出一部分业务份额进行商业化经营，最终还是为合作性金融功能服务的，对一部分业务的完全商业化经营只是其实现最终目的的手段而已。

3.2.5.2　合作性金融机构的政策性金融功能

合作性金融机构，特别是农村或农业合作性金融机构在很多国家都表现出政策性金融功能特征。这与很多国家对农业和农村问题的重视有很大关系。

德国中央合作银行最初由政府出资成立，是政策性金融组织，其主要目标就是作为流动管理中心为区域性合作金融机构服务，支持合作社个人贷款的发展。政府对自己的投资既有收入要求，又有国家利益要求，即促进国家农业和中小企业的发展。虽然随着地方合作银行与区域性合作银行的逐渐入股中央合作银行政府投资逐渐退出，但地方合作银行和区域合作银行在享有中央合作银行提供的金融服务，在实现自身合作性金融功能的同时，也在实现政府希望达到的政策性金融功能。

反过来看，对于政府来说，合作性金融体系是实现政策性金融功能的载体和途径。

法国在很长一段时间都是"上官下民"式的农业合作性金融体系结构，是行政导向与农民需求的统一，也即政策性金融功能和合作性金融功能的统一。对于农业国来说，农民和农业的发展是国家政策的需要，也是农民自身生存发展的需要。两者的一致性使得农业合作性金融天然具有政策性金融功能特征。但金融不是财政，这是合作性金融机构作为金融机构而不是政府部门具有财务上可持续性的基本前提。整个美国农场信贷体系的建立都是美国政府推动的，由政府投入初始资本，然后政府投资慢慢撤出，成为合作性金融体系。该体系从开始成立就带有强烈的国家意图。日本和印度情况不再赘述。

3.2.6　对现代合作性金融制度不同发展路径的修正

苏彤（2009）根据政府在一国合作性金融制度发展中是否运用行政命令，由政府推动建立一个全新的现代合作性金融体系，而把现代合作性金融制度变迁分为内生式自然演进路径、外生型变迁路径和混合式发展路径三类。笔者对这种划分并无异议，因为这种分类方式划分的标准还是比较清晰的，也符合实际情况。笔者不同意的是在这一划分标准下不同国家所归属的类别。苏彤（2009）把德国合作银行体系和美国信用社体系归为内生式自然演进路径，把法国农业信贷体系和日本农村合作金融体系归为外生型变迁路径，把印度归为混合式发展路径。根据其对混合式发展路径的定义："所谓混合式发展路径是指合作金融体系在发展中既有内生的动力，又有政府的引导与扶持，两种路径相互交错、共生共存。这种路径可能是合作金融发展历程中，最初内生自然演进，之后政策扶持引导，再脱离政府独立发展，或者是整个合作金融体系中，某种类型的机构内生式发展，而另外类型的机构则在政府的支持和引导下外生发展，或者进行强制性变迁。"不仅印度是走混合式发展路径，法国、美国、日本三国也都是走混合式发展路径。因为美国除了主要服务城市的信用社体系，还有农场信贷体系，是完全由政府行政主导推动建立的。法国除了农业信贷银行体系，还有主要服务城市小生产者及中小企业的国民互助信贷银行等城市合作性金融体系，是走自然演进路径。日本除了依附农协的农村合作性金融体系，还有主要服务城市的信用金库和劳动金库体系，也主要走自然演进路径。这种划分的错误可能是由于对事实了解不足造成的。

3.3 现代合作性金融制度变迁的一般规律

前文对现代合作性金融制度变迁的特征以几个典型国家为例进行了概述，并对一些明显的错误或过时的观点进行了修正，目的是达到一种对所研究现象的客观上的一致认同性。本节的任务是找到现代合作性金融制度变迁的一般趋势或规律，而"事实的规律是要被解释的"[①]，这将是下节的任务。

① 此为弗里德曼（M. Friedman）语。

Ferguson（1997）和 McKillop（2000）利用组织生命周期理论对信用社的发展进行分析，对于本节有借鉴意义，在此介绍一下。该观点假定信用合作社随着不断的进化发展可以分为三个清晰的发展阶段：初始阶段（Nascent）、过渡阶段（Transition）和成熟阶段（Mature）。每个阶段都有自己的特征（见表 3－1）。

表 3－1　　信用社发展的三阶段论

阶段	特征
初始阶段	• 资产规模小，管制严格，共同纽带要求紧密 • 更强调自愿，服务于弱势和贫穷人群 • 仅提供单一的储蓄和贷款产品 • 整个发展进程都需要资助 • 高度坚持传统的互助思想
过渡阶段	• 资产规模大，监管制度发生转变，共同纽带的作用有所调节 • 向产品多样化转变，更加强调增长和效率 • 对于自愿思想的依赖减轻 • 对于更有效更专业化的交易机构有更进一步的要求 • 要求中央性机构服务进一步拓展
成熟阶段	• 资产规模较大，管制放松，共同纽带要求松散 • 面临较强的竞争性环境 • 采用电子技术，组织完备，拥有较为先进的交易机构，管理专业化且发展良好的中央服务 • 产品服务多样化，按市场规律提供产品服务 • 强调信用社的长期可持续发展和经济适应性 • 严格的财务管理制度，并已建立存款保险体制

该分类法一个隐含的观点是信用合作社的发展应该把从初始阶段到成熟阶段的发展作为其发展目标。然而，必须承认的是，从理论上来说，可能还存在一个超越目前成熟发展阶段的全新的组织形式。以上三阶段论也是对现象的大致总结，而笔者主要是要指出现代合作性金融发展到现在的一般趋势，不分阶段。

3.3.1　资金来源、业务范围和服务对象逐渐扩大

3.3.1.1　资金来源途径逐渐扩大

合作性金融组织的资金来源主要是会员储蓄。当然，对于那些合作性

金融体系是由政府主导建立的国家来说，其合作性金融组织的最初资本可能是由政府提供的，但随着政府的退出，其资金还是主要靠会员储蓄。

随着合作性金融的发展，合作性金融机构对融资途径和方式进行了一定的创新，主要是在社员资格股外设置没有投票权的投资股。例如美国农场信贷银行现在约85%的股东是有投票权的农场主和合作社，其余15%的股东是无投票权的股东。1988年法国农业信贷银行（CA）的几家区域合作银行通过发行合作投资凭证（Cooperative Investment Certificates）获得额外资本金。法国国民互助信贷银行、加拿大加鼎银行（Caisses Desjardins）、比利时席拉银行（CERA）等也创建了不同形式的投资股。除了这种根据经营情况提供回报的投资股，合作性金融机构也通过发行无投票权的债券获得资本。

3.3.1.2 业务范围由单一性向综合性发展

现代合作性金融组织在发展的初始阶段一般只开展面向社员的存贷款业务，并对贷款的期限和用途都有严格限制，一般只限于短期贷款，且主要用于生产性贷款，不进行消费性贷款。而随着不断发展，其业务范围与商业性金融组织已经没有什么差别。

现在发达国家的合作性金融机构能够提供和商业性金融一样复杂的金融产品。合作银行可以提供抵押贷款、住房贷款、企业贷款、汽车贷款、信用卡、租赁、支票、保险、投资基金和各类证券业务。随着企业海外业务的不断扩大及对外旅游业的发展，合作性金融机构也积极开展各类海外业务，包括国际汇款、托收、信用证及进出口融资等。

3.3.1.3 服务对象不断扩展

现代合作性金融组织在发展初期其服务对象一般只限于社员，随着其不断地发展，服务对象也不断向外延展。这种延展一方面体现在对社员条件的放宽，另一方面体现在服务对象不再局限于社员，也开始对非社员进行服务。

对社员条件放宽的典型例子是美国信用社。共同组带是信用合作思想最重要的部分之一。1934年《联邦信用社法案》规定信用社的社员需是同一行业、职业或属于同一社区。从 1934 年到 1982 年，国家信用社管理局（NCUA）严格按照规定只允许每个信用社采用一种共同的纽带，信用社要么是同一行业的、要么是同一职业的、要么是同一社区的，不能有混。从 20 世纪 70 年代末开始，国家信用社管理局放松了对共同纽带的约束，允许在“定义清楚的区域”共同纽带可以包括不同的职业。对共同纽带定义的放松鼓励了兼并重组，促进了信用社的发展。法国农业信贷银行最初的服务对象主要是农户，随后不断扩展到城市手工业者、食品加工业、中小企业和大型企业。

随着合作性金融组织的发展，除了满足组织内部社员的融资需求，剩余资金开始允许向非社员开放，一般对于非社员贷款规模都有一定的限制，前文已有介绍，此不赘述。

3.3.2　民主管理形式由直接民主转向间接民主

现代合作性金融组织的显著特征就是每个社员不论其投入资金的多寡，都拥有平等的投票权，实行“一人一票”的民主管理，而不是商业性金融的“一股一票”制。在合作性金融发展早期，社员人数有限，基本都采用直接民主形式，以全体社员大会作为信用合作组织的最高权力机构。但随着合作金融组织的发展，在入社自愿、退社自由的原则下，社员越来越多，继续采用全部社员投票的直接民主形式变得不太现实，遂逐渐采用社员代表大会的间接民主管理形式。但不论是直接民主，还是间接民主，投票权都不能委托，不能转借，不能交易。

3.3.3　形成自下而上持股、自上而下服务的组织体系

各国合作性金融组织都逐渐形成基层地方合作金融机构、区域合作金融机构和中央合作金融机构的自下而上持股、自上而下服务的三层组织体系。比较典型的有德国基层地方合作银行、中层区域合作银行和联邦层面德国中央合作银行三层合作银行组织体系；法国地方农业信贷银行、区域农业信贷银行和农业信贷银行总行三层农业信贷银行组织体系；日本市町

村农协信用组织、都道府县信用联合会和农林中央金库三层农村合作金融体系；印度初级信用合作协会、区域性中心合作银行和邦合作银行三层农村信用合作体系。

随着合作金融组织的发展，合作金融组织内部出现重组现象，德国的三层组织体系在很多地区只剩下基层地方合作银行和中央合作银行两层，日本也有相似情况出现。

3.3.4 通过兼并重组体系对内部整合向外部扩张

3.3.4.1 对内部整合

以本书研究的五个国家来看，其合作性金融体系，不论主动或被动，都经历过从机构数量由少变多再兼并重组数量减少的过程。

德国联邦监管局在1967年取消了对利率的管制后，各类银行竞争加剧，甚至促成了农村和城市两种合作协会的全面整合，1972年农村和城市合作银行联合的全国性协会成立了，这在其他四个国家目前还没有出现，其他四国城市和农村（农业）合作性金融体系并未真正融合。另外；德国合作银行体系内部横向和纵向都有合并与重组，目前中间层级的区域合作银行只剩一家，很多地区的基层地方合作银行由德国中央合作银行（DZ-Bank）直接服务，已经没有中间层级。美国农场信贷体系从20世纪80年代开始体系内兼并重组不断，全国12个信贷区的联邦土地银行与联邦中介信贷银行合并为农场信贷银行，土地银行协会与生产信贷协会合并为农业信贷协会。有的农场信贷银行又与合作社银行合并形成农业信贷银行。农场信贷银行之间也不断兼并重组，截至2016年1月，整个农场信贷体系只剩下三家农场信贷银行。美国信用社体系的兼并重组也主要从20世纪80年代开始，当时由于经济衰退，Q条例取消，使得金融机构之间的竞争非常激烈，不少效率低下的信用社不得不与规模大、效率高的信用社合并，信用社的数目开始急剧减少。日本农协系统兼并重组主要是从20世纪70年代开始的，1990年全国基层农协与1961年相比减少了70%以上。到90年代合并速度进一步加快，1990—2005年基层农协的数量以每五年30%以上的速度递减。法国和印度的情况不再赘述。

3.3.4.2　向外部扩张

有不少国家的合作性金融机构与非合作性金融机构合并，在国外开设分支机构，甚至开展跨国并购，如法国农业信贷银行在2006—2008年在埃及、乌克兰、希腊和意大利进行了零售银行的收购，在这些国家开展相关业务。兼并非合作性金融机构典型例子是法国农业信托银行在2009年对法国储蓄银行（Caise d'Epargne）的兼并重组，此次兼并使得法国整个合作银行的储蓄市场份额从之前的48%左右上升到接近60%，贷款的市场份额由原来的50%左右上升到接近70%。

3.3.5　行业自律组织普遍产生和发展

各国现代合作性金融体系的行业自律组织普遍存在。以德国为例，德国合作银行体系中的各级合作性金融机构包括专业性的金融公司，都是德国雷发巽合作社国家联盟和区域合作社审计协会的成员。著名的德国雷发巽合作社国家联盟（DGRV）是德国各类合作社的全国性行业自律机构，具体包括BVR（德国雷发巽合作银行联盟）、DRV（德国雷发巽农业合作社联盟）、ZGV（德国工商业合作社联盟中央联合会）、BDK（德国消费合作社联盟）、GDW（德国住房合作社经营总会）。各级合作银行以及一些专业性的合作金融公司，都必须是它的会员，向其缴纳会费。该联盟对外保护成员利益，而且是一个向政府部门反映意见和要求的通道；对内为成员提供教育培训、咨询指导等服务，各个合作社相互融通，产生了较好的规模效应。区域性审计协会是出于满足各级合作银行的内在需求而建立的，为的是约束合作金融机构的日常经营管理行为，为合作性金融组织和体系的稳健运营和持续发展提供保障。

3.3.6　政府直接介入推动发展而后逐渐退出

在本书研究的五个国家中，几乎每个国家的政府都曾拿出真金白银参与推动合作性金融组织的产生和发展，特别是农村或农业合作性金融体系的发展，对城市合作性金融组织关注相比就要弱些。德国合作性金融制度属于自生自发产生的，但其中央合作银行的建立最初却是由政府出资的，并极大地促进了本国合作性金融组织特别是农村合作性金融组织的发展。德国农业信贷银行体系、美国农场信贷体系、日本依附农协的合作性金融组织和印度农村信用合作组织都几乎是在政府的推动下才建立起来完整的合作性金融体系的，政府在其中的作用厥功至伟。但这几个国家的政府在合作性金融体系发展起来后都选择了逐渐退出其所投资本，并且在有些国家，对合作性金融组织的政策优惠也逐渐取消，和商业性金融一视同仁。

3.4 现代合作性金融制度变迁的理论分析

3.4.1 现代合作性金融制度变迁的一个理论假说

从一般合约理论的视角看制度，制度就是合约的安排。由于资源的稀缺性而导致的竞争的存在，可以推论的是合约的选择是局限约束下的“适者生存”。合约的转变源于局限条件的转变，尤其是交易费用或称为制度费用这类局限。

在此，需要澄清一个可能误会很深的问题。那就是，一般人受达尔文的“进化论”影响，认为“适者生存，优胜劣汰”，因此能生存的东西（包括动物、人、制度）就是“适者”，就是优秀的；而被淘汰掉的东西，就是“不适者”，就是劣等的。这种观念，有对的成分，也有错的成分。的确，能生存的是适者，被淘汰的是不适者，这是一个客观的实证分析，不会有错。然而，若进一步地认为，适者就是优秀，不适者就是低劣，却是一下子跨进了主观的价值判断中去了。

主观的东西，是很难说对错的。从事科学研究的人，一定要严格地将自己约束在客观的范围之内，不可越雷池半步，行差踏错，一不小心踩进了主观的范围中去。

根据以上的逻辑，我们在分析制度变迁的时候，不能说因为A制度变迁到B制度，从另一个角度来说是B制度淘汰了A制度，因此A制度是劣等制度，B制度是优秀制度。实际上，制度本身并无优劣之分。某种制度变迁到另一种制度，或为另一种制度所淘汰的根本原因，是某些条件发生了变化，使原来的制度从“适者”变成“不适者”（原来的制度，在原来的条件之下一定是“适者”，否则它不可能“生存”），因此发生了变迁或被淘汰了；而那新的制度恰恰也是因为有关的条件发生了变化，从“不适者”变成了“适者”（新的制度，在原来的条件之下一定是“不适者”，否则它早已“生存”）。

由此可见，所谓“适者”或是“不适者”，从根本上说，本来就是相对而言才成立的。抛开它们所要“适应”的条件而谈论“适者”还是“不适者”，是不可能的。因此，研究制度变迁的关键，并不是要说明谁比谁更优秀，或谁比谁更劣等。而是要说明，在什么条件下，什么制度是“适者”，什么是“不适者”。是什么条件的变化，使原来的“适者”变成“不适者”，“不适者”却变成“适者”，导致了制度变迁的发生①。

另外，需要澄清的是，本书所论“制度变迁”并不是现代合作性金融制度变迁到非合作性金融制度，而是在此制度的大框架内所表现出的制度或合约安排的变迁。

通过引入费雪一般化的资产与资本概念，笔者认为现代合作性金融制度的本质是以具有自主转让权的人力资产为核心的一套合约安排，通过这套合约安排把自身拥有的资产的局部权利转让来换取租值。这套合约安排的基本特征包括金融服务的供应者和使用者统一，一人一票制的民主管理，注重对成员的教育培训，利润按组织成员贡献大小分配并留有公积金等。换取的租值主要是金融组织提供的金融服务及教育培训。而笔者认为现代合作性金融制度变迁的全部内容就是现代合作性金融制度随着局限条件的

① 参见李俊慧：《唐宋兵制变迁的解释》，http://tieba.baidu.com/p/4357841947?pid=84144624193&cid=0#84144624193，2016年2月17日。

变化沿着减低租值消散的方向发展，是竞争条件下“适者生存”的必然结果。这是一个理论假说，后文将对其进行验证分析。

3.4.2 理论假说的验证分析

本部分将主要以德国合作性金融制度变迁过程来验证该理论假说，本验证的意义是要找到导致合约转变的局限条件，看是什么局限条件的改变使得原来的合约安排变得不合时宜，并考察合约安排的转变是否沿着减低租值消散的方向发展。由于资料收集的困难，笔者不可能把现代合作性金融合约安排转变的方方面面都考察到，主要考察是否能解释现代合作性金融制度变迁的一般规律。

德国信用合作社产生时，舒尔茨和雷发巽两位先驱者创建的合作社所基于的原则是有很大不同的，也即两人建立的信用合作社的合约安排是不同的，这是适应当时城市和农村不同环境而制定的，有其合理性。

首先介绍舒尔茨城市信用合作社发展情况。舒尔茨的信用合作社以城市手工业者（小生产者）的自动结合为基础，以共同的储蓄和相互的信用来融通资金。舒尔茨严格拒绝政府的支持和帮助，倡导以自助互助的精神来经营合作社。他制定了一系列的原则来使得城市手工业者的信用合作社能够良好地运作，总结如下：

（1）合作社的成立必须有一定的股金，由社员集股，每个社员股金额度没有上限，入社者必须缴纳入社费，实行有限责任，社员的职业不限。

（2）严拒政府扶助，倡导自助。

（3）合作社事务由领取薪水的理事管理。社员相互平等，实行民主集中制。

（4）在资金运用方面，主要是对社员的贷款，且实行信用贷款。贷款用途仅限于生产，不提供消费贷款。贷款以短期为原则，并需一次还清，不得分期。

（5）收入分配方面，实行按股分红，一定比例留存公积金作为社有财产，以股份形态多为全体社员所有。

（6）股份可以自由买卖和转让。

以上原则大致向我们展现了舒尔茨式信用合作社产权结构安排（合约安排），信用社社员按自己投入资产的比例对信用社拥有相应的产权，包括使用资金（贷款）的权利，按股分红的权利（收入权），转让股份的权利（转让权）。

为了应对大量新成立的合作组织，解决面临的流动性问题，促进其未来更好发展，舒尔茨首先于 1861 年建立了中央联络处，并于三年后的 1864 年成立德国自助商业合作总会作为中央合作组织来调节流动性。为了使他建立的新型经济组织具有合法基础，舒尔茨成功推动普鲁士于 1867 年通过了一部《合作社法案》，并逐步向更大的范围推广。

下面介绍雷发巽农村信用合作社发展情况。雷发巽的农村信用合作社主要目的是使农民免于高利贷，促进农业生产，防止农业灾荒。为了使合作社有更好的发展，雷发巽也制定了一系列的原则。

（1）合作社的设立不以认股为条件，合作社必需的资金，或向外借款，或挪用社员的存款。社员限于农民，服务区域要足够小以在信用社可控范围，每社社员人数限于 1,000 人。社员的信用条件对入社很重要，非互相熟悉、互相信任的人不能入社；社员不用缴纳入社费，采取无限责任制。

（2）对政府、教会及其他社会成员的支持是欢迎的。

（3）合作社的日常运营管理、监督等事务由社员义务办理，没有报酬。

（4）在资金运用方面，主要是信用贷款，限于社员。贷款用途限于生产，将来即以生产所获得的收入来偿还贷款。贷款期限长短根据从事的农业生产周期而定。

（5）在收入分配方面，合作社的红利及公积金均不得分配。红利作为准备金以备未来损失，公积金作为合作社集体财产，用于公益事业或合作社宣传之用，即使社员退社或合作社解散也不分配给社员。

（6）社员权利不得转让或买卖。

从以上原则可以看出，雷发巽信用合作社最初基本没有入股金，社员入社也不需要缴纳入社费，最初资金来源主要是社会集资，带有强烈的慈善性质。合作社没有明确的产权主体，社员参与雷发巽式合作社其实是以自己的“部分”劳力作为资本入股了，只有对信用社物质资本的使用权，并获得自己投入的部分劳力应获得的收入权，没有信用社物质资本的收入权，更没有使用权与信用社物质资本收入权的转让权，因为这些物质资本本身不是社员提供的，来自于社会，用之于社会（公益事业）是适当的。这样的产权结构安排极不稳定，很难持久，但对于当时特殊的经济环境是适应的。当时德国发生农业歉收及经济危机，人民群众生活急剧恶化，农民流离失所，许多地区甚至发生饥民暴动，生存都是问题，没有什么剩余资金。也因为要解决流动性问题及促进合作社的发展，雷发巽于 1877 年成立了全国性的中央贷款协会作为按雷发巽原则建立的信用合作组织的中央银行。

随着经济环境的改善，后来的德国合作运动的领导人哈斯（Wilhelm Haas）对于农村合作金融组织的发展就不再采用雷发巽的不缴纳股金、不分配红利以及管理人员不拿工资义务工作的原则，并且反对宗教化、慈善性的倾向。对于社员是否缴纳股金，社员承担的是有限责任还是无限责任，他认为不必强求统一，可根据具体情况而定。哈斯的信用合作体系逐渐壮大，占农村合作组织的大部分比重。哈斯于 1883 年成立德意志帝国农业合作社全国协会作为其中央组织。

不论是舒尔茨、雷发巽还是哈斯建立的合作社，最后都形成了全国性的合作社协会这种中央组织，这是需要解释的一种合约安排，为什么从分散走向联合？笔者认为由于信用合作社对人力资本的注重，甚至为了弱化资金资本对信用合作社的控制，对社员认股的最高额作出限制，加上社员大多是社会弱势群体，资金有限，导致信用合作社可融通的资金十分有限，流动性常有问题，所以信用合作社有彼此联合的内在驱动。通过这样的合约安排，不同信用社之间可以方便地融通资金，提高资金的利用率，也就是提高资本的租值，减少租值的消散。这样区域性合作社和全国性合作社的成立就顺理成章了。

随着合作运动的发展，两种不同的合作社原则越来越趋于融合，并有专门的《合作社法案》。该法制定以来，历经数次修订，但基本框架是保持不变的。最初雷发巽式信用合作社入社社员是可以不缴纳入社费和股金的，但笔者给出的解释是这种合约安排其实是以自己的劳力资产入股，而且对这种资产的数量和质量都有要求（1,000 人左右，且限于熟悉的人之间，要守信用），社员以其全部财产对信用合作社承担无限责任，本质上是把社员入社后自身创造的所有收入折现作为入社“股金”缴纳了。1867年第一部《合作社法案》对这种无限责任制是肯定的，并且只承认实行无限责任制的合作社。这是符合信用社早期发展要求的。因为无限责任意味着会员以其所有资产对合作社债权人负责，这就提高了合作社的信誉，在信用合作社建立初期，在资金十分有限的条件下，他们可以以整个信用合作社的信用，包括社员的所有财产（无限责任制的要求）作为抵押向商业银行进行批量贷款，然后再贷款给社员。这种合约安排也有利于强化社员与合作社整体的利益，促进社员积极参与信用社的经营与管理。

合作金融组织不同于其他金融组织的显著特征是就重要性而言把人力资本放在其他资本的前面。每个社员不论其投入资金的多寡，都采用“一人一票”制，拥有平等的投票权，这是信用合作制度的基石（杨淼和王京，2015）。整个合作金融制度的大厦就建立在这一基石之上。合作金融组织的事务由拥有平等投票权的社员共同决定，其中就包括资金的使用与分配。

随着合作社的发展，1889年《合作社法案》承认无限责任制和有限责任制的合作社都是合法的。后来的合作社法取消了无限责任制，改为有限责任制。这种合约的转变面临的局限条件转变就是合作性金融组织对于资金的需求已经不像最初成立时那么紧迫，资金相对要充裕很多了。从无限责任制到有限责任制的转变说明有限责任制的合约安排带来的租值上升超过了这种转变所需要的交易费用和无限责任制带来的好处。随着合作运动的发展，无限责任的缺点变得越来越显著，这种无限责任的要求不利于资本密集型合作社（如住房合作社）的发展，也会使得那些不急需贷款的人对加入合作社望而却步。另外，无限责任的要求使得在承担无限责任的注册合作社中建立中央机构变得不现实，因为在这种体制下地方合作社的社员不得不在多层体制下承担无限责任，即承担的责任重复了。当然，与有限责任制对等的就是入社社员必须缴纳股金。2006年《合作社法案》（全称为《工商业合作社和经济合作社法》）第2条规定“合作社以其资产为限对外承担有限责任”，并规定社员必须缴纳股金，合作社不能免除这一义务，也不能向社员提供以缴纳股金为目的的贷款。为了弥补有限责任制的不足，德国合作社法对社员有追缴出资义务的规定。第105条规定：“除章程中规定社员不承担追缴款义务外，合作社现有资产不能满足资产债权人请求或在最终分配中不足以支付根据破产法规定的破产债权人的债权的，社员就有义务缴纳追加出资；由社员按人头缴纳追加资本，除非合作社章程规定了其他的分摊追缴款比例。”我们可以把这种有限责任加追缴责任的形式称为担保责任。对社员来讲，这种追加资本的义务是一种潜在的、或然的责任，如果合作社的财产足以清偿债务，就没有必要履行这种追加资本义务（王东光，2006）。这种“追缴资本”的规定增强了信用合作社作为一个整体对外的信用水平。目前，这种附加的担保责任已经由原来的75%逐步降低至需承担责任的自有资本的25%。并且，合作社法还对已退社的社员的追加出资义务作出规定。当然，社员所承担的责任换回的是获得贷款、教育培训等服务。

从收入权的角度看，社员享有或承担年度结算中确定的利润或亏损。但章程可以规定盈亏的其他分配标准及在合作社股份补足前可以向社员支付盈利的范围。但在弥补因亏损而减少的结余前不得支付盈利。章程也可以规定，盈利不得分配，而是将其计入法定储备金和其他类型的公积金。

担保责任和公积金合约安排的形成一个重要目的是为了保证信用合作机构的核心资本处于稳定状态，这对于合作性金融机构整体以及每个社员来说都是重要的。前文有述，合约的安排本质上一定意味着某种相互同意的权利的交换。社员愿意以自身拥有的产权的某种约束来换取信用合作社可能给自己带来的其他利益。下文对于社员拥有资产的转让权的约束等同此理。

从社员拥有资产的转让权的角度看，任何社员均有权通过解约终止社员资格，但合作社为了保证合作社资产的稳定，对社员解约的程序、期限有规定。社员资格终止后，社员可根据章程规定从合作社盈余积累的最终公积金中获得自己应得份额。合作社要在社员退社后6个月内向退社社员支付其应得的贷方余额。《合作社法》第76条也规定：“任何社员均可随时通过书面协议将其贷方余额全部或部分转给他人，也可以通过这种方式在不分割财产情况下终止社员资格或减少其所持有的股份，但在全额转让的情况下，受让者必须参加合作社，或受让者为在接受转让后其股份不超过合作社规定额度的合作社社员”（胡晓媛译，2008）。社员如果去世，社员资格由其继承人继承。如果有多个继承人，则由他们的共同代表人行使在社员大会中的表决权。社章也可以规定社员资格的存续以法定继承人的个人条件来决定。这些也都体现了产权安排的结构性。这些合约安排的施行其实需要一定的交易费用，之所以被采纳一定是这些新的合约安排带来的增加利益，在边际上与交易费用的边际上升相等或更高。[①]

为了防止合作社资产租值的消散，合作社制定了很多制度性安排，其中一个重要的安排就是对合作社进行强制审计。合作社法要求合作社必须是有审计权协会的会员。其实，早在1889年的《合作社法案》就建立了对合作社的强制审计制度，当时合作运动的领袖们就认识到对合作社进行强制审计的必要性。[②] 因为合作社是开放性的组织，入社自愿，退社自由。随着合作社的发展，社员越来越多，很难采用全部社员投票的直接民主形式，采用社员代表大会的间接民主形式越来越普遍，这样合作社的管理权就集中在极少数董事会成员手中。不管是直接民主管理还是间接民主管理，都有其固有的缺陷。虽然投票权只能由社员自己行使，不能交易，但原则上，为实现对合作社资产一定程度的支配权，一个社员可以通过“租借”其他社员的选票来达到自己的目的。这会损害信用合作社整体的利益。另外，一个特别重要的问题是合作社有大量留存公积金，没有明确的产权归属。这些没有明确产权归属的资金的租值会倾向于消散。在信用合作社发展的初级阶段，整体规模小，可供蚕食的租值很低，加上对参加信用合作社的人员道德品质要求也较高，通过一定的道德说教就能解决这些问题。但是随着信用合作组织的发展，规模越来越大，靠提升社员道德水平来解决问题已经不现实，还是需要良好的制度设计。为了确保董事会成员很好地履行其义务，防止自利腐败，并确保合作社的经营状况、经济情况和业务执行符合合作社的章程及目标，对合作社的定期审计制度形成了。最初有两种审计方式可供选择：一种是由审计协会进行审计，这种审计除了对合作社的账目、资金进行审计外，还对管理层的经营管理情况进行考核，比较全面；另一种是由私人机构审计，是一种纯粹的商业行为，通常只审计合作社的财务收支情况。第二种审计范围狭小，并且容易出现贿赂审计人员的现象，所以1934年对《合作社法案》大规模修订就是将对合作社的审计

---

① 关于德国合作社法的内容可参见胡晓媛译：《附：工商业及经济合作社法》，《公司法律评论》，2008年（年卷），第203~240页。

② 这里需要特别注意，对信用合作社的强制审计是其发展的内在要求，而不是外部监管部门的要求。

权完全给了合作社参与的审计协会了。

前文有述，除了合作社审计协会，德国合作性金融体系的所有成员还都是德国雷发巽合作社国家联盟的成员。这些行业自律组织对于德国合作性金融的发展非常重要，是其健康发展的重要保障。

从整个合作银行体系来看，德国合作银行体系是自下而上持股，自上而下服务的三级或两级体系。这是合作银行与商业银行不同的地方之一。调节基层地区合作银行的流动性是区域性合作银行和中央合作银行提供的主要服务，这是它们建立的初衷。现在它们提供的服务已经涵盖金融行业所有种类的服务。德国三个层次之间只是经济调节的合作关系，不是管理与被管理的行政关系，每个层级都是自主经营、自主管理的独立法人实体，但都是在合作制的原则下运行的。

随着合作性金融组织的发展壮大，已经改变了最初“穷人的组织”那个形象，资金的来源并不限于社员储蓄，资金来源途径更加多元化。由于资金的充足，业务范围的选择就可以更加广泛，甚至和商业银行没有区别，服务对象也不再仅仅限于社员，在一定条件约束下也可以向非社员提供服务，这是充分利用资金的表现，可以减低租值消散。

1967 年联邦监管局取消了对利率的管制，各类银行竞争加剧，甚至促成了农村和城市两种合作协会的全面合并与重组，1972 年第一个农村和城市合作银行联合的全国性协会成立。许多地方合作银行合并，区域层面的大部分审计协会也进行了合并。2001 年，德国合作银行（DG Bank AG）与区域性合作银行 GZ-Bank AG 同意合并，取名为 DZ Bank，成为德国第六大银行。这次合并也使得德国合作银行体系的上层组织的合并达到顶峰。整个德国合作银行体系第二层次和第三层次都只剩一家银行，分别是 WGZ-Bank 和 GZ-Bank。这种体系内的合并可以实现规模效应。这种合并实现的另一个局限条件是计算机信息技术的快速发展，使得没有中间层级的区域性合作银行，只依靠中央合作银行就能实现对基层地方合作银行的流动性条件和风险的管理等服务。

本小节以德国合作性金融体系的变迁为例来验证合作性金融制度的变迁是随着局限条件的转变而沿着减低租值消散的方向发展的理论假说。事实验证并未违反该理论假说，暂时安全，后续可利用其他国家的事实进行再检验。本小节留了一个尾巴，那就是并未对政府的介入进行讨论，这是下一小节的任务。

3.4.3　政府介入与退出的理论分析

前文提到，在本书研究的几个典型国家中，几乎每个国家都曾拿出真金白银直接参与推动合作性金融组织的发展。特别是农村或农业合作性金融体系的发展，并且后来都选择了退出其所投资本，对合作性金融体系发展的行政干预大大减少。即使是对于大家普遍认为政府一直起主导作用的“上官下民”发展模式的法国农业信贷体系，最终的结果也是政府把农业信贷体系总行这个“上官”实现了完全私有化。这是一个需要解释的现象和规律。

根据笔者对现代合作性金融制度变迁提出的理论假说，政府的介入也是一国现代合作性金融制度变迁的一个局限条件。从本质来说，政府的介入是以自己“有形的手”在一定的合约安排下亲自参与合作性金融组织体系资源的使用与分配。

根据资源的有限性和对有限资源的竞争，我们需要对政府这类组织从一种更宏大的视角来看待与分析。从经济学的角度看，政府本质上也是企业，是提供特殊商品（经济物品）——公共服务的企业。政府通过为其行政边界内的经济人（居民、企业）提供公共服务或称为公共产品（如基础设施、法律保障、公共安全等）获取经济收益。政府获得经济收益的方式主要有两种：一是自己管辖范围内经济活动的税收；二是出让配套了各种基础设施的土地的收入。政府为什么出现？政府的出现是人们需要政府这样的组织提供公共服务，特别是涉及地役权的问题，需要政府的介入，也是资源稀缺条件下竞争所带来的必然结果。另外没有政府这种组织提供社会运行的必要的“游戏规则”“竞争的准则”①，必然导致资源租值的大

① 一般来说，政府提供的是较为正式的规则，如法律规章等；其他游戏规则、竞争准则更多是由社会自发形成的，约定俗成的，可以称为非正式规则。不管是正式规则还是非正式规则，都是为了防止租值消散而对竞争施加的约束。“竞争准则”是判断胜负的标准。对于赛跑，快者胜是准则。对于市场上的竞争，弱肉强食是准则，价高者得是准则，按等级排序是准则等。

量耗散。

政府这种特殊的经济组织和一般的企业组织一样都是靠有形之手来指挥生产，然后把生产出来的产品或服务放到市场上。只是两类经济实体在市场上面对的竞争局限不同，一般的企业组织面对的是其他企业提供的产品或服务的竞争，而政府面对的是同级其他政府提供的产品或服务的竞争。和其他企业一样，政府这类经营公共产品的企业经营不善，选择错误的经营模式，也一样会倒闭破产的。如果政府提供的公共服务质量低劣，对于地方政府，辖区内的居民可以选择去其他提供更好的公共服务的地区；对于一国政府，辖区内的国民（包括附带的资本）可以选择去其他国家（移民、偷渡或以难民形式），或极端情况把这个政府推翻，建一个新的，或者这个国家就此消亡了。中国悠久的历史给我们很多启发，在全球化的今天，一国的中央政府也只是全球范围内的一个“地方政府”，无时无刻不面临来自其他中央政府的竞争，与古代相比，这种竞争怕是越来越激烈了。作为一个经济实体，它必须像其他普通的企业一样，改进其服务，提高其效率。

无论是政府还是普通企业、个人，都是在局限条件下以最小的代价争取最大的收益。政府提供公共产品，也是收益最大化的，不然你提供的产品卖不出去，没人买账，这是不可持续的。只不过政府的收益，很多时候外在的表现不是像资金那么明显而已。这里涉及公共产品定价问题，也就是如何收税，怎么回收投资资金的问题。只有合理的定价，实现收益最大化，政府才能持续提供更多更好的辖区居民需求的公共产品。政府也在做一门“生意”，只是这门生意不仅仅是为了挣钱，也像普通企业一样在自己面临的局限条件下权衡取舍，也需要多学习让自己明智一些，少犯错误，并希望在持续生存的基础上提升自身租值。

农业或农村合作性金融组织及其体系的发展对一国的农业和农村发展有极大的促进作用，各国政府面对来自国外的压力选择扶持甚至直接参与推动其发展可以说是竞争下的理性选择。下面笔者将以德国为例进行分析，对于其他国家具有类似的逻辑，本书不再赘述。

德国政府对于德国合作性金融体系的直接介入始于 1885 年普鲁士中央合作银行的建立。该行由德国政府出资建立，建立的起因主要就是因为德国农业当时面对来自国外的不断增长的竞争压力，并且德国农业需要进行必要的结构调整。在当时普鲁士财政部部长米格尔（Johannes Miquel）的推动下，德国政府决定建立一个由公务人员管理的金融机构以通过更有效地满足中小国贸农场及相应合作社的信贷需求的方式来应对这一问题，普鲁士中央合作银行成立了。普鲁士中央合作银行的主要目标就是作为流动性管理中心为地区性合作信用机构服务，从而支持合作社个人贷款的发展。普鲁士中央合作银行的建立事实上对农业合作银行和非农业合作银行的发展都起到了决定性作用。

政府投资建立中央合作银行来扶持合作银行、信用合作社来帮助本国农业应对来自国外的竞争，促进本国农业的发展既有资金收入的要求，也有国家利益要求，并不是免费的。中央合作银行每年要为政府投资的资本缴纳3%的利息。在当时来说，3%的回报率对于银行股本来说是很低的。总体来说，我们可以把政府投资建立的中央合作银行看作是对合作社的一种补贴政策。从经济学机会成本的角度考虑，政府这笔投资的成本是远远大于名义收入的3%的，但是我们不能简单地认为政府这笔投资的收入就是3%的利润，政府对于这部分投入是带有预期的，那就是德国农业的发展。德国农业未来的发展给德国政府带来的收益可能是远远大于3%的名义收入的。政府的投资也要权衡成本与收益，可能有错的时候，但我们应该清楚，普通企业投资算错成本收益的时候也是很多的，从企业倒闭的比例看可见一斑。机会成本要求我们成本一定要往前看，不要看历史成本，收益也一样，也需要往前看。

普鲁士中央合作银行建立不久就开始允许区域合作银行入股，政府的投入与行政管制开始逐渐退出，普鲁士中央合作银行开始从纯粹的政府机构变成一个企业组织。1932年普鲁士中央合作银行改名为德国中央合作银行，德意志帝国和普鲁士邦各持有银行1亿马克股本金的42.5%。德国中央合作银行在第二次世界大战中毁灭，1949年重建，其资本开始主要由合作银行持有，1998年实现完全私有化。

不仅仅是德国，其他国家的政府在直接介入农村或农业合作性金融体系的发展后都选择逐渐退出，这是因为对于经营具体的企业，政府总体来讲不具有比较优势，不然，世界上计划经济将盛行。政府因为特定的目的，在建立起合作性金融体系使其正常运作后应顺市场而为，主动退出行政管制。

3.5 现代合作性金融组织与商业性政策性金融组织的合作

在考察现代合作性金融制度变迁过程中，我们会发现现代合作性金融组织与商业性金融组织、政策性金融组织相互合作、相互补充、相互影响，而这本身就是三维金融架构理论的内涵，这也是现代合作性金融制度发展的一个显著特征。

3.5.1 与商业性金融组织的合作

在合作性金融组织发展早期，在资金十分有限的情况下，合作性金融组织可以以整个组织的集体信用从商业性金融组织获得批量贷款，然后再贷款给组织成员。而且在建立中央机构前，有的合作性金融机构委托商业性银行作为其上层机构为其提供流动性调节服务。这在德国合作性金融发展初期就出现过。

合作性金融机构也与商业性金融机构在促进农业发展方面进行有效合作。例如，美国农场信贷体系通过对商业银行持有的农业生产者的短、中期票据提供贴现来鼓励和促进金融机构扩大对农业的贷款，也为涉及农村地区信贷的其他贷款机构提供流动性支持，包括信用社、储蓄机构、信托公司和农业信贷公司。另外，该体系也与商业性机构合作为美国农业或农村地区信贷需求提供联合贷款，发挥各自的比较优势，也分散风险。

随着合作性金融机构的发展壮大，在资金越来越充裕的条件下会通过购买有价证券，办理资金信托业务等，以求获得可靠收益。同业拆借也是一个重要的合作领域。金融机构同业往来不可避免，互相都有拆借资金的需求，通过资金拆借可以及时弥补双方资金不足，同时增加双方的收益。

另外，与商业性金融机构的合作还体现在代理保险、代收代付、信息共享等多个领域。

3.5.2　与政策性金融组织的合作

合作性金融组织与政策性金融组织的合作相比与商业性金融组织的合作联系更加紧密，特别是农业或农村合作性金融体系与政策性金融几乎是交织在一起，你中有我，我中有你。

合作性金融组织和体系可以成为政策性金融组织实现其功能的载体。这种情况下，合作性金融体系的利益与国家的利益是统一的。普鲁士中央合作银行（后来的德国中央合作银行）在最初成立时是由政府出资的，是完全的政策性金融机构。德国政府通过中央合作银行这一政策性金融机构对德国合作性金融组织进行扶持，大大促进了德国合作运动的发展，也促进了德国农业和中小企业的发展。作为法国农业信贷银行体系的最高层级机构，法国农业信贷银行总行在很长一段时间属于政府官方机构，是政策性金融机构。作为日本农村合作金融中央机构的农林中央金库，成立时是由政府和县信联共同出资的，并且政府派人管理，具有政策性金融的功能，可以看为准政策性金融机构。虽然到 1959 年农林中央金库偿还了政府投资，成为真正的合作性金融机构，但其具有的政策性金融的功能会存在并延续下去，这是由于相关的法律法规，如《农业协同组合法》《农林中央金库法》《农业基本法》等的存在以及政府对农业发展的政策支持。日本政府每年为农业和农民提供约为 10 万亿日元的补贴，其中绝大多数都是通过农协来发放或落实的；农协的各种税率均比其他法人纳税税率低 10%，并免征营业税、所得税和固定资产税；允许农协存款的利率高于一般银行的存款利率，贷款利率也可以有不同程度的优惠，国家对农协的贷款还给予利息补贴。对农村合作金融机构的资本充足率也实行优惠。日本政府建立有专门的农业政策性金融机构——农林公库，开展与农村合作金融的合作，支持农业发展。由于农业受气候、自然条件和农产品价格波动的影响，风险较大，商业性金融机构往往不愿意涉足该领域，尤其是在长期信用领域中，即使是合作性金融也无法承担长期农业投资的低利率与长回收周期。为了支持农民进行土地改良、基础设施建设及公共事业建设，政府出资建立了专门的农林公库向农民发放长期贷款。目前，在农业金融中，产期（平均贷款期为17年）和大额（每项的融资金额为2,000万日元）融资由农林公库承担，而农协主要承担以营运资金为主的中短期融资（邓小霞，2011）。从2003年的农业贷款比率来看，对农业经营者的贷款发放余额总计24,700亿日元，其中农协系统占55%，农林公库占42%，两者共占97%的比例（高木勇树，2006）。美国的农场信贷体系和印度的农村合作性金融体系都是在政府推动下成立的，都体现了很强的政府意图，并且政府通过相关法律法规的建立和完善来支持和协助合作金融体系的发展。

另外，合作性金融组织与政策性金融组织的合作也体现在保险领域。例如在美国，全国信用社管理局负责运营管理的全国信用社存款保险基金（National Credit Union Share Insurance Fund，NCUSIF）对美国信用社体系提供存款保险服务。另外还有与全国信用社管理局管理的中央流动资金调控中心的合作。依照政府性公司控制法案，该中心被指定为混合股权的政府性公司，是名副其实的政策性金融机构，从1979年10月1日开始运营。该中心作为国家的一种调控手段和工具，旨在通过满足信用社的流动性需要而使信用社行业的稳定性得以提高。按照《联邦信用社法案》的规定，“一个主要为自然人提供金融服务的信用社，在按不超过该信用社二类资本家0.5%的数额认购了调控中心的资本股份后，即可成为该中心的正式会员”，其他主要为信用社提供金融服务的信用社或信用社集团，在满足一定条件后，经全国信用社管理局批准，可以作为该中心的代理会员。在全国信用社管理局董事会证实其无法满足所辖会员信用社流动性资金需求的情况下，财政部有权对调控中心提供最高限额为5亿美元的借款。这些都体现了国家的政策意图与目的。在日本，由政府参与的各种保险制度也从不同层面支持和保护农村合作金融业务的顺利开展，这也是一种政策性金融与合作性金融的合作方式。存款保险制度是政府参与下对农协合作金融的一种制度保障。农民只要在农协合作金融组织存款就自动成为被保险对象，而不需要支付任何保险金。当农协合作金融组织的经营业务出现问题、停止兑付存款或者宣告破产并解散时，保险机构直接向储户支付保险金，对单个储户支付保险金的上限为 1,000 万日元，储户存款超过 1,000 万日元的部分作为对农协的债权保留，待农协进行债务清算时再予以补足。农业信用保证制度是由政府直接参与下的保险制度，日本财政出资 1/3，其余由农协合作金融组织、信农联、农林中央金库出资。这是目前日本农村信用保险体系中综合性最强、规模最大的保障制度。日本还建立有相互援助制度和农业灾害补偿制度。

第4章　现代合作性金融制度的功能研究：存在的现实认定

本书第2章解释了现代合作性金融制度这种新合约如何形成的问题，而第3章接着阐述了其变动的一般规律并进行了理论分析。本章将从功能视角阐述现代合作性金融制度存在的合理性，其产生与发展顺应了社会的需求，赢得了社会的认可，证明了作为三维一体金融架构中的一员，其存在和发展的不可或缺和不可替代。

4.1 现代合作性金融的功能

4.1.1 金融功能观的提出

自20世纪末以来，随着金融创新的迅猛发展，各类金融工具层出不穷，各类金融机构日新月异，并且相互之间不断兼并重组，相互融合，这些都使得不同类型金融机构之间的传统界限变得越来越不清晰。尤其是1999年美国正式颁布《金融服务现代化法案》以后，金融混业成为一种潮流，整个金融体系变得越来越复杂，越来越难以理解，以前那种对不同金融机构之间的区分逐渐失去其原有的含义，仅仅从机构的角度来研究金融问题已经难以作出较为合理的解释。

在上述背景下，金融功能观应运而生。其实，在金融功能观提出之前并不存在所谓的金融机构观，而只是在 Merton 和 Bodie（1995）等人正式提出金融功能观以后，人们才把以前研究金融的视角称为金融机构观。金融机构观先于金融功能观的提出是符合人类认识事物的自然过程的，而金融功能观的出现是对现实情况转变的回应，是对已有的研究思路进行反思的结果。Allen 和 Santomero 指出："功能观是这样一种观点：它是基于金融体系提供的服务，如提供资源跨时期转移的手段。相比之下，机构观是这样一种观点：把分析的中心放在现有机构如银行和保险公司的业务上。赞成功能观而不是机构观的论据是，长时期内功能比机构更加稳定。"①

这里还必须指出的是，在白钦先（1989）的《比较银行学》一书中已经注意到金融功能问题，只不过使用的是"总体效应"一词，在对总体效应的解说中明确指出包含"银行体系总体及各类金融机构系统自身的功能"。在以金融资源论为基础的金融可持续发展理论中更是明确指出高层功能性金融资源至关重要的地位（白钦先和丁志杰，1998）。

4.1.2　现代合作性金融的一般功能

从 Merton 和 Bodie 正式提出金融功能观以后，对金融功能问题的研究得到迅速发展。Merton 和 Bodie（1995）认为金融系统的基本功能是在一个不确定的环境中，在时间上和空间上便利经济资源的配置和拓展。资源配置的单一基本功能是金融系统功能最为集中的体现，以此为基础可以进一步区分金融系统发挥的六大核心功能：在不同时间和空间转移资源的功能、聚集和分配资源的功能、清算与支付结算功能、管理风险的功能、提供信息的功能、解决激励问题的功能。Levine（1997）在功能观的研究范式下支持金融体系的功能有降低风险、动员储蓄、促进交易、信息获取与资源配置、监控经理与加强企业控制等。Allen 和 Gale（2001）认为金融体系的功能主要是风险分散、信息提供、企业监控等。孙立坚等（2003）从金融微

① 转引自林广明和谭庆华：《金融资源论：对金融功能观与金融机构观的综合研究》，《金融论坛》，2004 年第 6 期，第 3 ~ 8 页。

观传导机制的角度出发，认为金融体系有六大基本功能：投融资服务、价格发现、流动性供给、风险分散、信息传递和公司治理。上述这些不同的分类和表述，其实并无本质的区别，而只是在个别问题的处理上存在差异。按照默顿和博迪的观点，所有这些不同的表述都是对金融的资源配置功能的分解和具体化。

但上述对金融功能的表述缺乏层次性。我国著名学者白钦先（白钦先，2005；白钦先和谭庆华，2006）对金融功能进行了深入研究，认识到了金融功能的层次性，理清了金融功能的层次结构，拓展了对金融功能的认识。他根据金融功能所处的不同层次，以及产生时间上的先后顺序，把金融功能划分为四个具有递进关系的层次：基础功能（服务功能和中介功能）、核心功能（资源配置）、扩展功能（经济调节和风险规避）以及衍生功能（风险管理、财富再分配、引导消费）。

作为金融体系的组成部分，现代合作性金融也与商业性金融和政策性金融一样，具有一般性的金融功能。现代合作性金融组织具有金融业的一般属性和特征，即合作性金融组织同样办理存贷款、支付结算和其他金融业务，发挥着信用中介、支付中介以及信用创造的功能。而且随着现代合作性金融的不断发展，其也逐渐具备了基础、核心、扩展和衍生等各个层次的金融功能。关于现代合作性金融的基础、核心、扩展和衍生功能将在本书 4.2“现代合作性金融功能发挥的总体表征与机制”中通过对德国、美国和日本三国现代合作性金融制度的一般性金融功能的发挥为例进行具体展示，并分别阐释其一般性金融功能发挥的机制。

4.1.3 现代合作性金融的特殊功能：金融稳定性功能

苏彤（2009）对合作性金融的特殊功能进行了研究，并总结为四个方面：附属性功能、互助性功能、补充性功能和金融稳定性功能。前文文献综述部分对这四个方面有更为详细的介绍，也可参照作者原文，此不赘述。笔者当时已经指出，这四个方面的特殊功能是包括传统合作性金融的功能在内的，我们还需要考虑现代合作性金融的特殊功能问题。

根据苏彤对四个特殊功能的界定，笔者认为传统合作性金融也具有附属性、互助性和补充性三种特殊功能，而现代合作性金融相对于传统合作性金融所特有的功能就是金融稳定性功能。国际清算银行总经理 Andrew Crockett 认为，金融稳定包括金融机构和金融市场的稳定。金融机构的稳定性是指金融体系中的关键机构能够保持稳定，公众对机构的信心度很高，这些机构在无外界援助或干预下就能履行合同义务。传统合作性金融组织是民间自发的、松散的联合，缺乏一致性的原则，随生随灭，不具有金融稳定性。而现代合作性金融组织具有企业性质，具有大体一致的原则，可以实现全国甚至国际的联合，不断发展壮大，结合其特有的组织特征，独特的经营理念和机制，具有不同于商业性金融的抗风险能力，使得其具有金融稳定性功能。关于现代合作性金融的金融稳定性功能，后文将会详细阐述与论证。

4.2 现代合作性金融功能发挥的总体表征与机制

本节将以案例分析的形式阐述现代合作性金融功能发挥的总体表征与机制。笔者认为，一国合作性金融功能发挥的总体表征最好的衡量指标就是其在该国的业务规模与市场地位，具有很强的客观性，而且通过简单的统计分析可以衡量其规模是否有扩张的趋势，由此判断现代合作性金融功能发挥的效果，是否得到了经济主体的认可。另外，本节将以德、美、日三国为例，考察现代合作性金融功能发挥的机制，即现代合作性金融的功能是通过什么样的渠道实现的，主要渠道是如何相互配合的，各主要渠道实现了哪些金融功能，以期对我国合作性金融体系的重构有所借鉴，有所补益。

4.2.1　德国现代合作性金融功能发挥的总体表征与机制

4.2.1.1　金融功能发挥的总体表征：业务规模与市场地位

截至 2014 年年底，德国合作银行体系包括大约 1,047 家地方合作银行，

1 家区域性合作银行（WGZ-Bank），1 家中央合作银行（GZ-Bank）和 23 家专业性金融服务公司。整个德国合作银行体系合并总资产达到约 1.14 万亿欧元，净资产约 865 亿欧元[①]。德国一半以上的银行是合作银行[②]，共有12,770个分支机构。截至 2015 年 9 月，德国合作银行家庭存款额约为 7,135 亿欧元，占整个德国银行业家庭存款额总额的 24%。到 2013 年年底，合作银行 ATM 机的数量有 19,632 台，占整个德国总量的约三分之一。由表 4－1 可以看出，德国合作银行体系不管是存款还是贷款，其市场份额都是不断增大的，显示其强大的市场适应能力。

表 4－1　　2009—2013 年德国合作银行体系存贷款市场份额

年份	存款总额（百万欧元）	贷款总额（百万欧元）	存款市场份额（%）	贷款市场份额（%）
2009	588,033	560,433	19.3	16.8
2010	619,985	583,326	19.4	16.9
2011	646,760	606,820	19.4	17.5
2012	664,839	632,448	19.8	18.3
2013	693,191	648,470	20.6	19.1

注：由 European Association of Co-operatives Banks（EACB）官方网站公布数据整理。

合作银行是社员导向的，为社员或股东的经济发展提供服务是合作银行的核心原则。到 2014 年年底，基层合作银行或地方合作银行共有约 1,800 万社员或股东（表 5－2），为 3,000 万顾客服务。股东人数占整个联邦德国居民的比例由 1993 年的七分之一上升到现在的超过五分之一（2014 年德国总人口约 8,110 万），约有一半的成年人和合作银行有业务往来。地方合作银行总资产达到约 7.88 亿欧元，顾客存款约为 5,818.5 亿欧元，贷款额达到约 4,821 亿欧元。

从表 4－2 我们能看出德国合作银行也处于一个不断兼并重组的过程，排除 1990 年加入东德数据后的影响，地方合作银行数量由 1970 年的 7,000 多家减少到现在的 1,000 多家，分支机构也大量减少，两项数量的减少是持

① 数据来自 The National Association of German Cooperative Banks（BVR）。

② 德国 2014 年银行的数量为 1,999 家，参见 http：//hamburg. mofcom. gov. cn/article/jmxw/201507/20150701064709. shtml。

续不断的。但总资产、顾客存款、贷款和社员数量都是不断增加的。

表 4-2　　1970—2014 年德国地方合作银行发展情况

年份	银行数量（家）	分支机构数量（家）	总资产（百万欧元）	顾客存款（百万欧元）	顾客贷款（百万欧元）	社员数量
1970	7,096	18,339	39,938	33,849	24,874	6,190,000
1971	6,348	18,610	46,811	39,826	29,497	6,550,000
1972	5,753	18,790	55,509	46,374	35,581	6,910,000
1973	5,522	19,060	62,909	52,347	39,595	7,280,000
1974	5,278	19,150	69,963	58,981	42,044	7,570,000
1975	5,196	19,200	79,169	67,500	45,668	7,800,000
1976	5,044	19,272	89,034	75,843	53,230	8,040,000
1977	4,814	19,388	100,343	85,553	60,428	8,300,339
1978	4,607	19,478	115,488	96,024	70,498	8,560,144
1979	4,448	19,591	130,016	106,412	84,188	8,809,858
1980	4,226	19,769	145,206	117,786	95,525	9,069,394
1981	3,935	19,828	158,600	127,826	104,756	9,274,604
1982	3,823	19,692	172,726	140,827	111,066	9,474,034
1983	3,761	19,658	186,517	150,422	120,402	9,722,339
1984	3,711	19,693	199,455	161,181	128,646	10,031,070
1985	3,660	19,689	210,623	170,568	132,874	10,338,000
1986	3,600	19,609	223,990	183,583	134,187	10,673,251
1987	3,479	19,411	235,955	194,123	138,009	10,899,027
1988	3,359	19,259	247,570	201,603	145,100	11,130,620
1989	3,223	19,050	262,903	212,696	156,182	11,316,125
1990	3,037	18,764	284,140	229,054	166,551	11,421,068
1990	3,344	20,744	297,888	240,089	170,360	11,717,164
1991	3,145	20,822	321,939	259,981	187,860	11,905,221
1992	2,909	20,638	350,285	280,596	206,772	12,138,525
1993	2,773	20,277	388,529	308,195	223,650	12,641,671

续表

年份	银行数量（家）	分支机构数量（家）	总资产（百万欧元）	顾客存款（百万欧元）	顾客贷款（百万欧元）	社员数量
1994	2,658	19,921	419,724	323,135	246,902	13,057,125
1995	2,589	19,724	448,733	339,898	268,017	13,438,694
1996	2,504	19,469	476,810	357,173	286,474	13,812,988
1997	2,417	19,148	497,241	368,675	300,438	14,207,678
1998	2,248	18,471	522,300	382,702	315,086	14,537,794
1999	2,034	17,953	536,397	384,651	323,224	14,808,265
2000	1,794	17,490	534,863	375,422	332,692	15,039,851
2001	1,621	16,707	552,904	392,477	336,961	15,154,624
2002	1,489	15,866	560,336	396,655	340,682	15,184,846
2003	1,392	15,064	566,557	405,252	344,240	15,281,857
2004	1,335	14,554	576,105	412,805	347,893	15,506,866
2005	1,290	14,122	590,768	421,624	353,645	15,724,909
2006	1,255	13,858	607,590	427,705	360,093	15,921,502
2007	1,232	13,625	632,142	440,819	366,965	16,085,687
2008	1,197	13,586	668,473	460,708	376,912	16,223,819
2009	1,156	13,571	690,479	482,242	390,173	16,389,938
2010	1,138	13,474	706,572	506,692	406,216	16,689,214
2011	1,121	13,350	729,283	524,119	424,516	17,002,181
2012	1,101	13,211	750,251	542,216	443,212	17,348,742
2013	1,078	13,056	762,922	561,173	462,270	17,712,774
2014	1,047	12,770	787,896	581,844	482,098	18,024,983

注：数据来自 The National Association of German Cooperative Banks（BVR），1990 年以后的数据包括东德。

在德国，60% 的手工业者，75% 的商人和 80% 的农民是平民银行（Volksbank）或雷发巽银行（Raiffeisenbank）的社员，这些数据展现了合作银行与德国中产阶级的密切关系。

到 2014 年年底，德国合作银行体系的中央银行 DZ-Bank AG，德国第四大银行，总资产达到 4,090 亿欧元，注册资本 36.46 亿欧元，其中地方合作银行占有 31.01 亿欧元，占比约 85%①，在国内外共约有 3 万雇员。2013 年税前利润 22.21 亿欧元，2014 年税前利润达到 28.67 亿欧元，2015 年上半年 DZ-Bank 税前利润达到 12.84 亿欧元，合并总资产占整个合作银行系统的 31%。目前在纽约、伦敦、新加坡、中国香港设有海外分支机构，并在莫斯科、北京、孟买、伊斯坦布尔和圣保罗设有代表处②。

4.2.1.2　金融功能发挥的机制

德国合作性金融制度金融功能的发挥主要是通过其上下三层的合作性金融体系来实现的。最基层的地方层面包括各类地方合作银行，如平民银行、雷发巽银行、铁路工人合作银行、邮政储蓄合作银行、公务员合作银行等。区域层面目前包括一家区域合作银行和一些区域审计协会。最上层的联邦层面包括德国中央合作银行（DZ-Bank），德国合作银行联邦委员会（BVR），波恩专业审计协会和一些专业金融服务公司。这些专业金融服务公司是由区域性合作银行、区域性合作社控股公司和德国中央合作银行共同持股。下面将主要从三个层级的合作银行来展现德国合作性金融的功能发挥。

1）德国地方合作银行的金融功能

德国合作银行从一开始就向农民、城市手工业者提供金融支持，同时这些农民、小手工业者也是银行的股东。目前平民银行和雷发巽银行的贷款业务包括现代银行所从事的所有放贷业务。传统上，地方合作银行有很大的义务对商业、工业和农业部门中的中小企业发放贷款。第二次世界大战之后，随着德国经济逐渐向海外市场发展，对外贸易的融资也变得相当重要。

尽管对企业的金融支持多以中短期贷款为主，但现在长期贷款变得更加重要。除了贷款外，地方合作银行的其他业务包括对固定资产和建筑工程进行投融资。平民银行和雷发巽银行通过政府融资项目向它们的会员发放低

---

① 资料来源：DZ Bank AG 官方网站：https：//www.dzbank.com/content/dam/dzbank_com/en/home/dzbank_group/ dokumente/Kurzportrait_DZB_Gruppe_englisch_032015_final.pdf。

② 资料来源：DZ Bank AG 官方网站：https：//www.dzbank.com/content/dam/dzbank_com/en/home/profile/investor_ relations/DZ-BANK-Presentation/Kundenversion_InternetE14.12.15.pdf。

息贷款，例如支持新企业的创办。这是政策性金融与合作性金融的合作了。

就存款业务而言，合作银行提供活期存款、定期存款和储蓄存款等各类存款业务。储蓄存款业务占比最大。为了鼓励储蓄，合作银行推出很多不同于传统的储蓄存款业务。例如，1950 年合作银行首先推出储蓄奖金模式，接着 1964 年推出了储蓄券（Savings Certificate）。此外，合作银行还推出不同类型的投资工具，比如储蓄债券（Savings Bond）。

除了存贷款业务，金融服务的提供也成为地方合作银行越来越重要的业务。平民银行和雷发巽银行提供各种形式的非现金支付转账业务，包括德国境内和境外支票和信用卡业务。1968 年，平民银行是首次发行银行支票卡（又叫支票保证卡）的德国银行，且全球通用，这比欧洲支票（Eurocheque）的推出还早一年。德国合作社网（由德国合作银行管理的合作银行转账系统）很早就与国际支付交易系统 SWIFT（Society for Worldwide Interbank Financial Telecommunication）连接。随着 1993 年 TIPANET（银行间自动支付转账协议）系统的引入，平民银行与雷发巽银行在德国首先加入该系统并为它们的客户提供快速的而且费用低廉的海外支付的自动转账业务。

另外，德国地方合作银行还提供证券业务、抵押贷款、房屋贷款及保险、特殊金融投资服务等。

第二次世界大战以来，随着会员数量的不断增加，地方合作银行加强了他们在德国中产阶层中的地位。新的社员主要来自工薪阶层，占到所有社员的 86%。在商业、贸易、手工业和其他的服务业中的个体经营者，以及农民和行业会员（曾经受到过排斥），所构成的社会阶层占到德国合作银行股东的 14%。

尽管合作银行的会员结构当前主要是由“新中产阶级”构成，但是它们的贷款业务仍然集中于中小企业：50% 的贷款发放给农业、林业、制造业、交通业、商业、手工业和其他服务业中的中小企业。

地方合作银行的监理会成员主要来自各行业的代表，这反映了平民银行和雷发巽银行立足于中小企业和农业部门；农民、中小企业和个体经营者希望在监事会中获得更高比例的代表席位。

2）德国区域合作银行的金融功能

一方面，区域合作银行作为“流动性管理者”服务地方合作银行，地方合作银行的盈余资金多数是以定期存款和隔夜拆借资金的形式部分投资到德国合作银行，部分直接投资到货币市场。另一方面，地方合作银行可以向区域合作银行借入资金，区域合作银行可以从德国合作银行获得资金。

在非现金支付交易提供服务的德国合作社转账系统（German Cooperative Giro System，成立于 1927 年）中，区域合作银行作为一个中转站为地方合作银行往来资金进行清算。

尽管原则上，在合作银行体系中，地方合作社及其客户的贷款主要从平民银行和雷发巽银行获得，但如果客户所需要的贷款额度超过银行法和合作社法所规定的限额，地方合作银行可以向它们的区域银行申请联合贷款。这就使得地方合作银行不仅可以超过限额发放贷款，还能够控制它们的信贷风险。如果地方合作银行的客户获得低息的政策性金融提供的贷款，区域合作银行有义务为其提供获得这类资金的渠道与其他协助。

在证券业务中，平民银行和雷发巽银行还能够依靠它们的区域银行的支持，参与德国所有股票交易所的交易。区域银行帮助其客户从事证券的买卖，并与德国中央合作银行合作在提供投资咨询服务方面对地方合作银行提供帮助（不仅在客户自身的业务方面，而且在平民银行和雷发巽银行中的自有账户交易方面也提供帮助）。对于那些没有设施对客户的证券资产进行保管和管理的地方合作银行，区域合作银行可以为其提供证券保管服务。

由于德国中小企业在海外市场的业务不断扩大，和对外旅游业的快速发展，区域合作银行代表地方合作银行处理商业化的海外业务变得越来越重要。取得旅行者的支付票据，处理国际汇款、托收和信用证业务，以及进出口融资业务都成为区域合作银行所提供的日常服务的一部分。此外，它们还会对地方合作银行和客户提供对外业务所有方面的咨询服务。为了在这方面提供更好的支持，区域银行还与欧洲其他国家在合作银行系统内签订了大量的合作协议。

此外，区域合作银行还持有体系内的其他机构的股份，从而保证地方银行和他们的顾客能够获得诸如抵押贷款、住房贷款、租赁、保理、投资基金和其他形式的投资以及保险服务。而且，区域合作银行是商品和服务合作社，特别是它们地区企业的归属银行（House Bank）。由于背景相似，所以它们之间存在很强的业务联系，主要提供经营周转贷款和投资贷款，以及支付结算和国际业务方面的服务。区域银行还为那些因为规模太大而无法由本系统内的地方银行提供业务服务的大型企业，以及高端个人客户提供服务。

目前，区域合作银行仅剩一家，即 WGZ-Bank，主要为西德区域提供服务，其他地区的区域合作银行的业务都由德国中央合作银行（GZ-Bank）接收了，集中化趋势明显。

3）德国中央合作银行的金融功能

地方和区域合作银行是德国中央合作银行的主要客户，它的金融产品和服务除了提供给这些银行，也为国内外的企业组织、机构提供服务。

GZ-Bank 是德国合作银行的流动性管理者。该银行把从合作银行体系获得的隔夜资金和定期存款放在国内外货币与资本市场投资，赚取市场化的利息收入，即对德国合作体系外的第三方，GZ-Bank 是作为商业性银行存在的。另一方面，对于合作金融体系，GZ-Bank 也担当贷款者的角色，资金的来源包括发行有抵押的债券获得长期资本。GZ-Bank 还负责全国范围内的资金结算。此外，它还作为区域性清算中心处理直属地方合作银行的支付交易。

GZ-Bank 对地方合作银行的中小企业贷款业务提供支持。和区域合作银行一样，它也帮助这些中小企业客户获得低息的公共资金。它的国外分支机构或子公司可以为顾客提供外币贷款业务。GZ-Bank 代表合作银行体系从事各种各样的证券业务，它是联邦债券联盟（Federal Bond Consortium）的会员，并且从事国内外证券承销的业务。它还支持平民银行和雷发巽银行的证券业务，通过电子指令处理系统将地方银行和股票交易所联系起来。

在国际业务方面，GZ-Bank 为合作银行体系提供的服务主要在更高程度的专业化方面。通过提供融资、投资和对冲金融工具，该行推动地方合作银行及其客户的海外业务的发展。GZ-Bank 和地方合作银行设立了一个一体化的电子系统来处理国外业务（包括支付、票据业务和担保业务）。

总体来说，作为德国合作体系的中央银行，GZ-Bank 的地位反映在其提供的一些特殊服务上，比如流动性管理、支付结算、证券及国际业务。该银行的目标是推动整个德国合作体系的发展。GZ-Bank 的另一个核心职能是代表整个合作体系对其所持有的股权资本在国内外对合作制企业或其他类型的企业、机构进行投资。

这些众多的功能集于一身，使得 GZ-Bank（与中央合作协会）不管是对德国政府、德意志中央银行，还是对国际合作组织都是非常重要的。GZ-Bank 作为一个已经完全私有化的合作制的中央合作银行，是兼有合作性金融、政策性金融和商业性金融三种金融功能的。

4.2.2 美国现代合作性金融功能发挥的总体表征与机制

4.2.2.1 金融功能发挥的总体表征：业务规模与市场地位

美国合作性金融有平行的两个体系。一个是农场信贷体系，服务于美国农业的发展；一个是美国信用合作社体系，更多地服务于城市社区居民、同一行业职员等，向社员提供消费性贷款（如汽车、房屋贷款等）。

1）美国农场信贷体系

2012 年年底，美国农业部门贷款额为 3,000 多亿美元，其中农场信贷体系提供的贷款额占比约 41%，商业银行提供的信贷资金占 39.6%，农业部农场服务局（政策性金融机构）提供的信贷资金占 4.3%，其他金融机构提供的贷款约占 15%。由此可见，美国农场信贷体系（合作性金融）在整个农业信贷需求中是占主导地位的（郭磊，2014）。

2014 年 12 月，美国农业部预计 2014 年全年农业贷款额约为 3,180 亿美元，比 2013 年的 3,080 亿美元上升 3%。美国农业部估计从 2004 年到 2014 年，农业信贷资金额增长了 1,200 亿美元，约占总信贷额的 61%。通货膨胀调整后为 720 亿美元，增长了 32%。对比 1998 年，在给农业贷款的金融机构中，农场信贷体系贷款只占 21%，商业银行占全部农业贷款的比例最高，在 44% 到 54% 之间，商业银行数量占 48%。农场服务局主要服务对象是小农场，并为其他信贷机构提供担保服务，占贷款额的 6% 左右（李超民，2006）。可见，十几年来，农场信贷体系的市场地位是大幅提高了。从表 4-3 可以看出，农场信贷体系规模也是不断扩张的。

表 4－3　　2010—2014 年美国农场信贷体系规模概览①

年份	总资产（百万美元）	贷款额（百万美元）	净收入（百万美元）	资产收益率（%）	股本收益率（%）
2010	229,973	175,351	3,495	1.59	10.85
2011	230,411	174,664	3,940	1.71	11.17
2012	246,664	191,904	4,118	1.73	10.89
2013	260,782	201,060	4,640	1.84	11.28
2014	282,848	217,054	4,724	1.74	10.5

资料来源：美国农场信贷管理局 2014 年年报。

2）美国信用合作社体系

截至 2014 年年底，美国共有信用合作社 6,399 家，社员超过 1 亿人，占全美国 15～64 岁有经济活力的人口的 50% 左右，其规模不可谓不大，市场地位不可谓不强。在年龄介于 55～64 岁之间的成年人中，市场渗透率最高，达到“顶峰”。2005—2014 年，美国信用合作社因兼并重组数量逐渐降低，但社员数量、存款额、贷款额、公积金、总资产和市场渗透率都稳步上升，市场规模越来越大，地位越来越稳固（见表 4－4）。

表 4－4　　2005—2014 年美国信用合作社规模概览

年份	信用社数	社员数	存款额（十亿美元）	贷款额（十亿美元）	公积金（十亿美元）	总资产（十亿美元）	市场渗透率（%）*
2005	8,879	86,175,204	590.78	468.81	76.98	694.15	43.47
2006	8,536	87,389,454	615.30	505.54	83.08	726.21	43.18
2007	8,269	88,503,758	646.82	538.60	87.69	770.10	43.39
2008	7,969	89,918,538	691.77	574.75	89.06	825.81	43.70
2009	7,708	91,156,643	763.34	580.45	87.82	896.82	44.30
2010	7,491	91,758,307	797.30	572.75	92.01	926.61	43.90

① 本表中所指农场信贷体系未包含联邦农业抵押贷款公司（Federal Agriculture Mortgage Corporation，简称为 Farmer Mac），只包括体系内银行和直接贷款功能的协会，所以资产总量和贷款额比上文提到的要小。

续表

年份	信用社数	社员数	存款额（十亿美元）	贷款额（十亿美元）	公积金（十亿美元）	总资产（十亿美元）	市场渗透率（%）*
2011	7,351	93,933,798	845.89	586.62	99.82	982.07	44.90
2012	6,960	95,059,566	889.58	606.27	106.80	1,034.87	45.39
2013	6,681	97,450,697	922.03	653.06	115.90	1,075.31	46.20
2014	6,399	100,513,991	963.12	720.79	124.60	1,136.12	47.60

注：*该比率计算方式为已公布信用社社员总数除以全国 15～64 岁总人口。

资料来源：根据 World Council of Credit Unions 发布数据整理，参见 World Council of Credit Unions 网站：http：//www. woccu. org/。

美国信用合作社分为两类：州注册信用社和联邦注册信用社。截至 2014 年 6 月 30 日，在州注册的信用合作社有 2,531 家，约占美国信用社总数的 40%[①]。在所有信用社中，除有 115 家信用社存款由私人保险（Privately Insured）外，其他均是联邦保险（Federally Insured）。截至 2015 年 6 月，共有 6,159 家信用社是联邦保险信用社，总资产达到 1.2 万亿美元，会员 1.01 亿人[②]。

市场需求是信用社业务定位的基础，发展信用社必须与客户实际需求相适应。美国的信用合作社作为立足于社区服务，以地缘信任关系为基础的合作性金融组织，能够灵活方便地提供小额资金，成本也比较低，它客观上具有其他金融组织不可替代的业务特点。

对于储蓄存款的分布来说，有调查显示，有超过 83% 的会员至少在一个金融机构中拥有几种类型的存款账户；而只有 68% 的非会员拥有一种或几种类型存款。几乎所有有存款的会员（96%）都开立了活期存款账户，但自 1987 年以来，活期存款账户的使用率在下降。这反映会员们开始更多地使用体现市场利率的账户或存单。会员们在信用社开立一些经常使用的存款账户，但同时在别的银行或储蓄与贷款协会开户也并不少见。有 70% 的会员在信用社有活期存款账户，近一半在银行有存折存款账户，还有

① 参见 National Association of State Credit Union Supervisors 网站：http：//www. nascus. org。

② 参见联邦注册信用社全国协会（National Association of Federal Credit Unions，NAFCU）2015 年年报。http：//www. nafcu. org/research/reportoncreditunions/。

14%在储蓄与贷款协会内有存款账户（史纪良，2000年）。有调查显示，47%有存款的会员将其大部分存款存入信用社内。这表明，越来越多的会员把信用社作为其主要金融机构。

4.2.2.2 金融功能发挥的机制

美国有相互平行、并列的两个合作性金融体系：美国农场信贷体系和美国信用合作社体系。每个体系金融功能的发挥都是通过体系内的不同组织来完成的。两者服务的经济领域很不同，前者主要是服务于美国农业的发展，后者服务于城市的居民和消费者，本部分将分别阐述。

1）美国农场信贷体系

美国农业信贷由商业银行、农场信贷体系（Farm Credit System，FCS）和农业部农场服务局（FSA）提供。成立于1916年的农业信贷体系是由借贷人（农场主）持股，并提供融资服务的合作性金融机构与服务组织体系，是由美国政府（国会）主导设立的①。它的分支机构遍布美国各州和波多黎各。

美国农场信贷体系为农场主、牧场主、水产养殖或捕捞户、农业或水产合作社提供信贷或金融相关服务，也为农业加工或销售、农村建房、特定农业相关生意、农村公用设施建设和国际农业贸易相关国内外企业提供贷款。根据1971年的《农场信贷法案》，国会建立该体系的目的是提高美国农场主和牧场主的经济水平。该体系为农业和水产养殖业、农场主所有的合作社、美国农村农业相关商业活动提供一种永久的、可靠的资金来源。国会建立农场主所有的合作社的农场信贷体系来确保贷款的农场主和牧场主参与相关机构的管理与运营。贷款会员的参与可以帮助信用合作社及整个信贷体系坚持满足社员需求的宗旨。

该体系通过在国内和国际货币市场上发行债券来为其日常运作筹集资金，但美国政府并不为农场信贷体系发行债券背书。该体系通过在农村信贷市场提供竞争和流动性来满足大家的需求，不论整体经济形势的好坏。

---

① 成立于1916年的联邦土地银行（Federal Land Bank）是该信贷体系的一部分，其他重要组成部分成立于1923年和1933年。

这种公共目标对于所有符合条件的贷款者都是有益的，包括年轻的农场主、新农场主、拥有小块儿土地的小农场主。

（1）农场信贷体系贷款机构提供全面的信贷业务。截至 2015 年 1 月，农场信贷体系包括银行和协会共 80 家，其中银行 4 家，1 家农业信贷银行（CoBank，ACB），3 家农场信贷银行（AgriBank，FCB；AgFirst Farm Credit Bank；Farm Credit Bank of Texas）。这四家银行为 74 家农业信贷协会（Agricultural Credit Association，ACA）和 2 家独立的联邦土地信贷协会（Federal Land Credit Association，FLCA）提供贷款。[①]

一个农业信贷协会可进行短期、中期、长期贷款项目；一个联邦土地信贷协会只能进行长期不动产抵押贷款。根据 1971 年修订的《农场信贷法案》，联邦土地信贷协会免收州和联邦收入所得税。

农业信贷银行（CoBank，ACB）是由农场信贷银行（FCB）和合作社银行（CB）合并而来，所以拥有这两种不同机构的权利，有权向全国的农业和水产合作社、农村公用设施建设、农产品出口业务提供信贷服务，贷款类型分为设备贷款、经营贷款、商品贷款、农产品进出口贷款等（杨松和姜庆丹，2011）。除了给合作社提供贷款，这一农场信贷银行还为 25 家农业信贷协会（ACA）和 1 家联邦土地信贷协会（FLCA）提供批量贷款以发放给需要的借款者。

每一个农业信贷协会（ACA）有两个分支机构：生产信贷协会和联邦土地信贷协会。生产信贷协会只能从事中短期贷款，借款人主要用于购买土地、农村住房、中短期动产抵押贷款。联邦土地信贷协会主要为农场主提供长期不动产抵押贷款。截至 2015 年 1 月，这种农业信贷协会作为母公司，全资所有的生产信贷协会和联邦土地信贷协会作为子公司的安排占所有直接贷款协会的 97%。

农业信贷协会和它的两个分支机构有共同的员工和管理层，三个实体中的每一个都要为其他两个的负债负责。大部分情况下，为了监管和审查的目的，联邦信贷管理局（FCA）把农业信贷协会和它的两个分支机构看

① 参见 2014 Annual Report on the Farm Credit System by the FCA（Farm Credit Administration）：http：//www. fca. gov/Download/AnnualReports/2014AnnualReport. pdf。

为一个实体，然而，根据情况不同，也可以把他们作为三个不同的实体对待。

（2）专业服务机构与公司为农场信贷机构提供融资、保险和贴现。除了银行和贷款协会外，农场信贷体系还有一些专业服务机构来增强农场信贷机构的信贷功能。其中联邦农场信贷银行融资公司（Federal Farm Credit Banks Funding Corporation）是根据《农场信贷法案》建立的。该融资公司以农场信贷银行的名义发行和销售债券来筹集贷款基金，它也向投资者发布季度和年度报告。

该体系还包括根据《农场信贷法案》授权建立的五个服务性公司。第一个是 AgVantis，Inc 为隶属于农业信贷银行（CoBank，ACB）的协会提供技术和其他相关支持性服务，并为农业信贷银行所有。第二个是农业信贷出租服务公司（Farm Credit Leasing Services Corporation）为合格借款者（包括农业生产者，合作社和农村公用设施建设）提供设备出租服务，也归农业信贷银行所有。第三个是农场信贷财务合伙公司（Farm Credit Financial Partners，Inc）对隶属于农业信贷银行的五家协会，隶属于 AgriBank，FCB 的一家协会和农业信贷出租服务公司提供服务。第四个是农场信贷体系建造协会（FCS Building Association），其为农场信贷管理局（FCA）总部和办公室员工提供管理和维修相关设备的服务。该协会由农场信贷银行所有，但受农场信贷管理局委员会监管。第五个是农场信贷基金（Farm Credit Foundation），其为雇主所有人提供人力资源服务，包括新进发放处理、利润管理、雇员管理、公司报税与财务报告服务等。雇主所有人包括 41 家农场信贷协会，1 家服务公司（AgVantis，Inc）和 1 家农场信贷银行（AgriBank，FCB）。

联邦农业抵押贷款公司（Federal Agriculture Mortgage Corporation，Farmer Mac）是法律认可的农场信贷体系的一个机构，为农业不动产贷款、政府担保的特定部分贷款、农村住房抵押贷款、农村公用事业贷款提供二级市场，为所有农业和农村信贷机构（包括保险公司，信用合作社和农场信贷体系贷款机构）提供更强的流动性和贷款能力。尽管联邦农业抵押贷款公司是联邦注册机构，且属于农场信贷系统成员机构，但它不承担该体系其他机构的负债，其他机构对于联邦农业抵押贷款公司的负债也没有负担义务。Farmer Mac 归投资者所有，并不是一个社员所有的合作社，其有权投票的投资者包括商业银行、保险公司和其他财务组织，当然也有农场信贷体系机构。任何投资者都可以拥有无投票权的股份。所以，我们可以看出，该公司是商业性金融、政策性金融与合作性金融的混合体。

为整个农场信贷体系提供安全与健康保障的是农场信贷体系保险公司（Farm Credit System Insurance Corporation）。FCSIC 是吸取 20 世纪 80 年代农业信贷危机的经验，根据 1987 年的《农业信贷法案》而建立的。该公司的建立是为了通过确保以农场信贷体系银行名义发行的投保支票、债券和其他权益的本金与利息能够及时偿付来从整个系统债券的层面保护投资者的利益。

（3）农场信贷管理局（Farm Credit Administration，FCA）进行独立有效的监管。农场信贷管理局是监管与审核农场信贷体系内银行、协会和相关实体组织的独立的联邦机构。尽管农场信贷管理局是联邦机构，但资金来源并不是联邦资金，而是由农场信用体系机构入股成立的。农场信贷管理局有权检查农场信贷体系机构的财务情况、风险管理、操作流程、服务质量情况，监督相关法律法规和制度（特别是 1971 年的《农场信贷法案》及其修订）的执行情况，以及拥有发布终止、暂停业务或免除机构董事和官员职务、对违法违规机构处罚等权利。农场信贷管理局保护借款人的权利，向国会报告农场信贷体系的财务状况及经营情况。

（4）对其他贷款机构融资。根据《农场信贷法案》，农场信贷体系银行在需要时可以通过对非体系内贷款机构提供融资或贴现来满足美国农村地区信贷需求。这些非系统内的其他贷款机构（Other Financing Institutions，OFIs）包括商业银行、储蓄机构、信用合作社、信托公司、农业信贷公司和其他为农业或水产养殖业贷款的专业性农业贷款机构。这些 OFIs 把农场信贷体系作为其贷款业务提供流动性的来源之一，并利用该体系在提供农业贷款方面的专业性为自身服务。截至 2014 年底，该体系为 24 家非系统内贷款机构服务，对其贷款额为 8.68 亿美元，比 2013 年上涨 1.22 亿美元。不过，总体上，对非系统内贷款机构的贷款额不足该体系整个贷款额的 0.5%。

与非系统内贷款机构的合作还包括与其他机构合作为美国农业或农村提供联合贷款，主要目的是降低信贷风险或规避贷款上限。此类联合贷款三年增长了 2 亿多美元，到 2014 年年底达到 135 亿美元。另外，系统内机构也可以参与系统外机构对符合条件的贷款人进行的贷款，例如参与农业机械设备零售的融资和租赁，AgDirect 就是这样的一个系统内机构。

(5) 对年轻的、新的、小的农场主和牧场主的服务。《农场信贷法案》要求农场信贷体系银行和协会给年轻的、新的、小的农牧场主（以下简称弱势农牧场主）提供相关稳健的信贷和服务项目，贷款情况见表 4－5 和表 4－6。给弱势农牧场主的贷款可以帮助他们进入农业这个产业领域，并解决了平滑从事农业的代际交替问题。农场信贷管理局负责保证农场信贷体系履行对弱势农牧场主进行信贷支持的责任。农场信贷管理局把 35 岁以下从事农牧业的称为年轻农牧场主，10 年以下从事农牧业的称为新的农牧场主，年销售额在 25 万美元以下的称为小农牧场主。

表 4－5　美国弱势农牧场主未偿付贷款余额（截至 2014 年 12 月）

弱势农牧场主	贷款数目（个）	贷款数目占比（%）	贷款额（百万美元）	贷款额占整个体系贷款额度比例（%）	平均每笔贷款额度（美元）
年轻农牧场主	181,736	17.9	25,254	11.2	140,542
新农牧场主	263,277	26.0	38,396	17.1	148,079
小农牧场主	490,425	48.4	45,673	20.0	93,129

注：因数据为分别统计，弱势农牧场主三个不同的借款群体有重复统计问题，不能加总。

表 4－6　2014 年美国弱势农牧场主贷款情况

弱势农牧场主	贷款数目（个）	贷款数目占比（%）	贷款额（百万美元）	贷款额占整个体系贷款额度比例（%）	平均每笔贷款额度（美元）
年轻农牧场主	59,145	16.9	8,729	11.3	147,587
新农牧场主	74,099	21.2	11,358	14.8	153,280
小农牧场主	140,608	40.0	10,737	13.9	76,359

注：因数据为分别统计，弱势农牧场主三个不同的借款群体有重复统计问题，不能加总。2014 年，农场信贷体系共有 349,353 个新增贷款，共计 769.84 亿美元。

2）美国信用合作社体系

美国信用合作社体系（见图 4－1）主要为城市社区居民和消费者提供金融支持。美国信用社从发展初期就一直将联合起来互帮互助作为信用社的基本理念和力量的源泉。发展到现在，信用社仍是属于全体会员所有的、非营利性的合作金融机构。会员们将各自的储蓄集中于信用社，并通过信用社再贷款给本社会员。会员可以在信用社存款、借款并获得相关的金融服务。信用社归会员所有，并且在本州或联邦有关章程的约束下按照民主原则由会员共同管理，是真正意义上的合作金融组织。美国信用合作社体系金融功能的发挥主要靠体系内各个组织的协调配合。该体系大致也是三层结构，如图 4－1 所示。本书将主要通过考察信用社、中央信用社和州信用社联社组成的信用社网络和信合保险集团来阐述美国信用合作社体系的功能发挥。

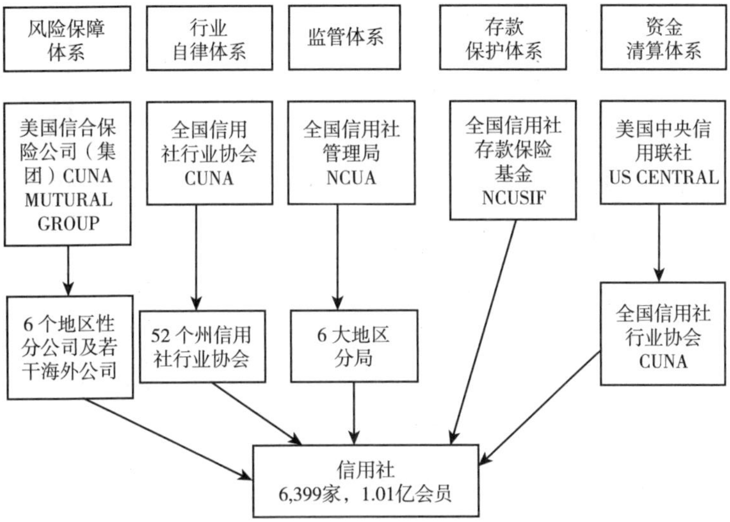

图 4－1　美国信用合作社体系示意图（截至 2015 年）

（1）信用社的功能。美国信用社的组成有三种形式：一是吸收职业雇员组成职业性信用社；二是吸收同一行业的职员组成行业性信用社；三是吸收社区内的居民组成社区性信用社。约有 77% 的信用社要求其会员来自同一职业领域；约有 17% 的信用社要求其会员来自同一团体组织，如来自同一工会、教会或其他组织；有略高于 6% 的信用社是社区性的。

美国信用社除办理存款、结算、保险业务外，主要向社员提供消费性贷款、支票账户以及信息咨询等服务。信用社最初在美国普及开来的重要原因就是因为在 20 世纪 20 年代人们需要较低廉的信贷资金来购买汽车、洗衣机等产品，但商业银行和储蓄机构一般没有提供这类消费贷款的兴趣，信用社弥补了这方面的需求。

在现代，受金融创新和科技进步的推动，金融服务方式日新月异，对金融机构来说，当今的消费者所需要的不仅仅是传统意义上的存款、贷款服务。为了保持竞争力，信用社也像美国其他金融机构一样将高科技手段广泛应用于业务领域，不断发展其传统业务，使产品和服务的内容更加丰富。为此，许多信用社都增设了自动取款机、信用卡、储蓄卡、信用社支票、货币市场账户、汇票和旅行支票等新的服务种类，为会员提供新的服务方式和盈利机会。但总体来说，信用社的主要业务是为会员提供消费性贷款。贷款主要是住房抵押贷款和汽车购置贷款，对商业性、经营性的项目一般不予贷款。由于住房和汽车是国家经济发展的两大支柱性产业，支持了这两方面的消费，也就扩大了市场的需求，增加了居民的购买力，促进了经济的发展。

（2）信用联社网络的功能。为了解决汇兑、资金调剂和其他金融机构的功能，使得信用社更好地为会员服务，美国在各独立信用社的基础上，逐步建立了地区的、州级的信用联社，进而形成了全国的经营网络，并成立了美国中央信用社，把所有信用社联成一体，使得小信用社可以变得与大型信用社一样，安全稳定、实力雄厚、服务周到。截止到 2015 年 6 月，美国中央信用社和 13 家州信用社联社（资产达到 193 亿美元）组成信用联社网络，为全美的信用社及其会员服务。这一网络是整个信用社系统的重要组成部分。

1974 年，美国中央信用社成立，整个网络投入运转，信用社剩余资金开始在联社集中并通过中央信用社的机构进行投资。网络最初的目的是向信用社提供低成本的流动资金，这是通过信用社向中央信用社存款，进而通过网络重新分配给有需要的信用社来实现的。在没有需要时，这部分流动资金则由中央信用社投入市场。通过该网络得到的投资收益仍转交各信用社。

中央信用社在网络中的职能，是作为信用联社与外部金融界之间的金融中介。在这一点上，中央信用社成为网络经营活动的中心，集中为 30 多家信用联社提供“批发性”金融及支付系统服务，不以盈利为目的。以此类推，信用联社则是代表 6,000 多家信用社的金融中介，为所有会员提供系统的金融及支付服务。信用社既是联社的会员，也通过投入资金成为其所有者。美国中央信用社在以下几方面向它的会员社提供全套的产品或服务：投资、流动资金、现金管理、风险管理和分析、结算资金转移和支付及财产保管。美国中央资本市场公司是美国中央信用社全面控制下的子公司，它向信用联社的投资提供咨询意见和根据客户要求设计投资产品。另外，资本市场公司还向客户提供购买和出售各种有价证券的机会。这些有价证券包括政府债券、政府机构发行的债券、以资产为基础发行的债券、以抵押品为基础发行的债券和抵押衍生品产品证券。1989 年，国会通过了《改革、恢复和巩固金融机构的法案》，准许信用社从联邦住宅贷款银行系统（Federal Home Loan Bank System）借入资金。联邦住宅贷款银行系统是根据《联邦住宅贷款银行法》由政府建立的支持住房抵押贷款和相关社区投资的兼有合作性金融功能和政策性金融功能的银行体系。

（3）信合保险集团的功能。信合保险集团（CUNA Mutual Group，简称 CMG）是一家相互保险公司，也就是说，它的客户同时也是它的所有者。信合保险集团由投保的信用社及其成员共同拥有，向全世界的信用社、金融合作社及其成员提供多种类别的人寿、财产和伤残保险及金融服务。信合保险集团的金融产品和服务是直接针对信用社行业的特点而设计。信合保险集团通过努力的工作与信用社保持牢固的联系，信用社对信合保险集团有充分的信心，美国 99% 的信用社都投保于信合保险集团。

信用社的工作方法之一就是帮助其会员提高经济保障。现在，信用社可通过信合保险集团为其会员提供品种齐全、服务周到的保险品种和金融服务，参加信用社就能得到这些服务。信合保险集团会员服务方案使信用社成为他们全体会员的财务管理需求的源头，使信用社成为一个全方位服务的金融机构。通过这项计划，信用社可以增强他们与他们的会员间的关系纽带，使信用社增强对会员的吸引力，成为他们的首选金融机构。会员保护主要通过保险计划、投资计划、退休计划、教育基金和美国计划（Plan America）来推行。

信合保险集团通过努力工作，使信用社和他的雇员、会员更紧密地结合在一起，也就是说，为信用社服务就是为会员服务，为会员服务就是为信用社服务。

4.2.3 日本现代合作性金融功能发挥的总体表征与机制

4.2.3.1 金融功能发挥的总体表征：业务规模与市场地位

日本合作性金融包括相互平行并列的三类，分别是依附于农、林、渔产业的农村合作金融体系，主要服务城市居民和中小企业的信用金库，主要服务于城市劳动者的劳动金库。日本合作金融从存款余额看，其规模占整个日本金融体系的三分之一左右①。

1）农村合作金融体系

日本农村合作金融体系由市、町、村基层合作社，中层的都、道、府、县信用联合会（信农联 Shinnoren 及信渔联 Shingyoren），高层的农林中央金库三个层次构成。

截至 2015 年 4 月 1 日，日本共有农业合作社（JA）679 家，通过不同的商业模式和业务活动为种植业和农村的发展服务。2014 财年，JA 储蓄额同比上涨 2.4%，达到约 93.7 万亿日元。信农联存款额从 2012 年 3 月的 54.2 万亿日元增长到 2015 年 3 月的 59.6 万亿日元，增长 10%。日本 80% 的农业生产资料和 70% 的农产品由 JA 控制。截至 2007 年末，日本 JA 在日本金融机构中位列第三，农民存款总额的一半以上存在 JA。

截至 2015 年 4 月 1 日，日本共有 964 家渔业合作社，其中 101 家可以从事合作银行业务，通过广泛的业务活动为渔业发展和渔民生活改善服务。日本共有 629 家林业合作社，其在林地改善方面起到核心作用，并帮助改善其多种自然功能，包括提供木材及其他森林资源，国家土地的保护，生态环境的保持等。

截至 2015 年 3 月末，农林中央金库资本金达到 3.4 万亿日元（约 285 亿美元），合并总资产达到 94.5 万亿日元（约 7,871 亿美元），在日本所有金融机构中排在首位，市场地位显著。

2）信用金库体系

截至 2015 年 3 月，日本共有 267 家信用金库，网络覆盖全国约 7,400

① 根据 2015 年 3 月数据计算得到，数据来源于日本信用中央金库（SCB）年报。

个不同地区。信用金库致力于为当地居民提供高品质服务，扎根社区，为当地经济和社会发展服务。

截至 2015 年 3 月，267 家信用金库贷款余额达到 131 万亿日元，折合美元约 1.1 万亿，在日本各类银行中排名第三，在日本金融市场中的地位非常重要（见表 4－7）。前两类银行分别是城市银行（City Bank）和区域银行（Regional Bank），贷款余额分别达到 2.529 万亿美元和 2.019 万亿美元。

表 4－7　　2011—2015 年日本信用金库存贷款余额

年份	存款余额（万亿日元）	贷款余额（万亿日元）
2011	119.7	63.7
2012	122.5	63.7
2013	124.8	63.6
2014	128.0	64.4
2015	131.9	65.8

资料来源：信用中央金库（SCB）年报。

信用中央金库成立于 1950 年，是日本主要的金融机构之一。它不仅是全国所有信用金库的中央合作金融机构，也是一个独立的金融机构。截至 2015 年 3 月末，该财年信用中央金库平均总资产达到约 33.2 万亿日元。信用中央金库在海外 49 个国家设有分支机构，并有 238 家代理银行合作办理外汇业务。

3）劳动金库

劳动金库是日本唯一的为劳动者服务的专门的合作性金融机构，满足劳动者及其团体的金融需求。

劳动金库的会员是各金库地区内的工会、生活合作社以及其他劳动者组织和运营的团体（共济会、互助会等），并且以对劳动金库出资为条件。关于会员数量，截至 2011 年 3 月末为 57,886 个团体。对这些会员，授予事业的利用权以及金库运营的参与权。由于构成会员团体的劳动者等个人不是直接会员，因此作为劳动金库的间接构成成员被称为“间接构成成员”，可利用劳动金库的事业。

劳动金库的会员间接构成成员达到了大约 1,000 万人，而日本有 5,500 万人以上的雇用劳动者，服务人群占日本雇佣劳动者的约 1/5。目前，全国有 13 个劳动金库。全国 13 个劳动金库的店铺网分布在全国约 1,700 个市町村中的主要城市，截至 2011 年 3 月底，共有 653 个店铺。此外，自动柜员机台数约达 2,000 台，通过与其他金融机构的自动柜员机协作，可在日本全国使用劳动金库的提取现金服务。

截至 2011 年 3 月末，劳动金库的存款余额为 170,232 亿日元，与前一年度末相比增加了 4.0%。资金量在日本民营金融机构中排名第 11 位。劳动金库的存款具有以下特点。

首先，个人存款比例高，（可转让存款除外）截至 2011 年 3 月末占 85.9%，汇集了劳动者的资金。其次，定期性存款比例高，（可转让存款除外）截至 2011 年 3 月末占 74.4%，高于其他金融机构。在定期存款中，财产积累储蓄比例截至 2011 年 3 月末占存款余额的 22.4%。

劳动金库的放贷余额截至 2011 年 3 月末为 113,725 亿日元，与前一年度末相比增加了 1.3%。劳动金库的放贷对象几乎都是以间接构成成员为中心的个人。以截至 2011 年 3 月末的数值为基准，在资金的用途中，大约 86% 为作为购房贷款的一般住宅资金，占最多份额。其次是购车及家电产品等以及用于子女的教育资金等生活资金。

4.2.3.2 金融功能发挥的机制

因为日本合作性金融包括依附于农、林、渔产业的农村合作金融体系，主要服务城市居民和中小企业的信用金库和主要服务于城市劳动者的劳动金库三个体系，每个体系金融功能的发挥依赖于各个体系内的合作金融组织，本书将分别进行考察。

1）农村合作性金融体系

（1）下面主要讨论作为基层合作社的农业合作社（JA）、渔业合作社（JF）以及林业合作社（JForest）的功能。

第一，农业合作社（JA）的功能。JA 是按照《农业协同组合法》建立的以互助精神为基础的从事多种业务活动的种植业合作社。基层 JA 既对农户提供信贷服务，又兼营保险、生产资料购买、农产品销售等多项业务。基层 JA 的专业信用机构营业网点遍布农村基层，JA 的工作人员也会定期上门动员和收取存款，为社员开立自己的专门账户用于 JA 提供的各项服务。

JA 存款面向社会，贷款原则上针对社员户和农协系统，不要担保，不以盈利为目的。在资金许可又不妨碍社员利益的前提下，基层 JA 也可以向非会员贷款。除了基本的储蓄贷款业务，基层 JA 还设有专业保险机构，可以办理各类保险业务，并利用相关资金发展医疗卫生事业（刘增彬，2013）。

第二，渔业合作社（JF）的功能。日本渔业合作社（JF）是根据《渔业合作社法（Fishery Cooperative Law）》建立的，其目的是为了指导和保护渔民的生产经营活动和生计。其主要业务包括：为海洋资源的管理提供指导，为个人社员经营活动管理和生产技术提供帮助；为个人社员所捕捞鱼和其他海产品的储存、加工和销售提供支持，并为日常经营和日常生活所需材料设备提供支持；接受存款并提供贷款等银行业务；生命保险项目和财产保险项目。

第三，林业合作社（JForest）的功能。日本林业合作社（JForest）是根据《林业合作社法（Forestry Cooperative Law）》建立的，由私人林场主建立和所有的合作社。日本森林的大部分所有者是小林场主，林业合作社在代表和维护他们利益方面起到很大的作用。林业合作社的主要业务包括森林的培育种植、灌木的移除、木材的销售等，其在林地改善方面起到核心作用。

（2）信农联、信渔联。信农联和信渔联是日本农村合作性金融系统的中层机构，在基层农协和农林中金之间起桥梁纽带作用。一方面，以其所属会员为业务往来对象，通过办理存款业务来调节各农协之间的资金余缺，加强对市、町、村农村金融工作的指导；另一方面，自身存款业务的剩余资金原则上上缴农林中央金库，不足时亦可从该处取得支持（杜朝运和张洁，2006）。

（3）农林中央金库。农林中央金库为中央一级，在合作性金融系统中居于最高地位。农林中央金库根据《农林中央金库法》的要求，通过金融支持促进农业、渔业和林业的发展，进而促进整个国家经济的发展，在日本具有很重要的地位和作用。其资金来源主要为信农联和信渔联上存资金、经批准发行的农林债券（吸收社会资金以供农林业中长期贷款业务使用）等，主要职责为在全国范围内对系统内资金进行调剂、融通、清算，并按国家规定运营资金，协调基层农协以及信农联、信渔联的资金活动，指导基层农协、信农联和信渔联的工作，并为它们提供信息咨询。农林中央金库除对会员办理基本的存贷款、汇兑结算等业务外，还代理农林渔业金库的委托放款、粮食收购款、外汇、证券投资等业务。

通过这些服务与业务活动，农林中央金库作为全国性金融机构在农林渔合作社的发展中扮演了主要的角色。在资金充裕的条件下，经主管大臣批准也可以向与农业、林业和渔业有关行业企业、地方政府和公共机构发放短期贷款，即对外是作为商业性金融机构运作的。其经营规模已经成为日本最大的银行，成为全国最大的金融机构（高伟，2005）。

2）信用金库网络

（1）信用金库。信用金库是合作性金融机构，其会员包括当地居民和中小企业。信用金库的显著特征有：近且方便；根据客户需要提供调整的，个性化的服务；与客户及当地社区建立极强的相互信任关系。

信用金库贷款业务原则上面向会员，但是在功能上，他们与商业性金融机构没有太多不同，即对外是作为商业性金融机构来运作的，也接受非会员的存款，提供外汇业务、支付业务，参与公共债券的场外交易、投资信托基金及保险业务。

信用金库不仅提供存款、贷款和外汇业务，还为个人社员及当地社区其他社员提供其他多样性服务来支持企业管理的改进，产业升级，创业起步及当地经济振兴。

（2）信用中央金库。信用中央金库是全国所有信用金库的中央合作金融机构，作为信用金库的中央银行，其金融功能主要体现在以下两个方面。

第一，协助信用金库业务开展。日本 267 家信用金库通过对当地组织和中小企业贷款来支持区域经济发展，其存款量在整个金融市场占有很大的份额，地位显著。信用中央金库通过信用金库网络对信用金库的金融服务提供支持，也帮助信用金库进行资产负债管理、债券投资组合分析以提升信用金库风险管理水平和盈利能力。

正如日本银行作为银行间本币交易的清算机构一样，信用中央金库是信用金库的清算机构。从 2014 年 3 月到 2015 年 3 月，该财年信用中央金库本币交易清算额达到 239 万亿日元，量非常大。另外信用中央金库也协助国家外汇交易清算，委托信用金库对当地中小企业会员进行贷款操作。

第二，增强信用金库体系的信用水平。信用中央金库通过建立信用金库管理加强系统和信用金库相互融资支持系统来保持和加强信用金库的可信度，为其会员银行提供管理分析、管理咨询和资本加强方面的服务。近几十年来，日本金融市场经历了几次大的危机，包括 20 世纪 90 年代固定资产崩盘和 2008 年由雷曼兄弟破产引发的全球金融危机。在这些金融系统极不稳定的时期，信用中央金库在保持人们对信用金库的信心方面和区域经济金融稳定方面都扮演了关键性的角色。

另外，作为独立的金融机构，其功能主要体现在以下三个方面。

第一，作为机构投资者，截至 2015 年 3 月，信用中央金库管理资产约 32.9 万亿日元，其中 18.54 万亿投资各种债券（如国债、地方债、公司债和外国债券等），7.87 万亿投资短期货币市场。作为日本主要机构投资者之一，信用中央金库在国内和国际市场管理大量资产。

第二，提供全面的金融业务，信用中央金库除了办理存贷款，发行债券，办理外汇业务，也承销公共部门债，私人部门债，开具私人贷款保证，提供信用证、理财规划建议，参与投资信托基金等。

第三，为地区发展服务，为了在地区发展中扮演一定角色，信用中央金库与信用金库紧密合作。信用中央金库通过其广泛的分支机构网络对地区公共实体和地方公司进行直接贷款，投资于地方发展项目和私人开办的公司等。另外，信用中央金库通过与信用金库的合作，其已经开始作为一个区域性金融机构在支持区域性公司的复兴和地方社区的振兴方面发挥积极作用。

3）劳动金库

在创立当时，劳动金库以为了帮助苦于高利息负担的劳动者进行融资、因工资的迟发或停发而进行生活资金的融资，以及为了工会及生活合作社进行福利互助活动进行的资金提供等为中心，但随着经济的增长，劳动者的金融需求也呈现多样化，在购房、购买家电产品等耐久消费品、教育资金、购车资金以及海外旅行资金等方面的融资比重加大。劳动金库以面向会员、间接构成成员的存款、放贷业务为中心，从事汇兑交易、公共机构（住宅金融支援机构等）的业务代理等业务。

在日本，台风、地震等自然灾害频繁发生，劳动金库对遭受这些灾害的劳动者及其家属进行低利息紧急特别融资，受到了民众的感激。

劳动金库不仅限于自身的金融事业，而且还对劳动者互助运动、住宅生活合作社运动、为劳动者进行福祉会馆建设等推动劳动者福祉事业的发展壮大发挥了巨大作用。此外，劳动金库进行了各种努力，使加入工会以外的劳动者、退休人员及家庭主妇等也能够利用劳动金库。

4.2.4 小结

现代合作性金融制度经过一个半世纪的发展，已经趋于成熟。在本节所讨论的三个国家中，现代合作性金融制度所具有的金融功能与商业性金融几乎无差别。每个国家现代合作性金融的各项功能都通过各自的一套运转机制发挥出来。

首先，基础的金融服务与金融中介功能。现代合作性金融制度显然具备兑换、结算、资金融通等基础的服务功能和中介功能。

其次，核心的资源配置功能。现代合作性金融制度也具有像商业性金融一样主动的储蓄动员和项目选择，在不同社员之间，同一层级合作组织之间，上下不同层级之间调节资金余缺，以求达到金融资源的优化配置，促进金融资源的有效利用。

再次，经济调节与风险规避的扩展功能。金融的经济调节功能主要是货币政策、财政政策、汇率政策、产业倾斜政策等通过金融体系的传导实现调节经济的目的。现代合作性金融体系自然可以成为国家的货币政策、财政增长、汇率政策的传导路径，达到经济调节的目的，但更为主要的是成为国家支持农业、农村和农民发展，实现“政府宏观政策目标的载体”，具有扶持强位弱势产业、“扶持强位弱势群体的功能”（王伟，2011）。金融的风险规避功能主要是利用大数定理把风险分散化、社会化。现代合作性金融体系也通过票据承兑、信用证、备用信用证的发行等规避经济交易中的风险。另外，各国现代合作性金融体系也配套了各类专业性的金融机构，如保险公司、信用担保公司等实现金融的风险规避功能。

最后，各类衍生功能。衍生功能是金融体系为了进一步提高资源配置效率而在微观与宏观两个层面的衍生，其内容比较丰富，包括风险管理、财富再分配、引导消费、区域协调等。现代合作性金融相对于商业性金融来说，衍生功能是不足的，但也在不断扩展。现代合作性金融制度由于其特有的机制安排，比如注重社员之间的共同纽带，有效解决信息不对称问题，使得其相对于商业性金融在风险管理方面更为稳健。现代合作性金融组织对各类消费信贷的创新具有引导消费的功能，在证券市场的各种投资具有财富再分配的功能等。

对于现代合作性金融的金融稳定性功能，属于现代合作性金融的整体性功能表现，笔者将在下一节重点阐述和论证。

现代合作性金融制度功能的有效发挥可以通过其在金融领域的业务规模和市场地位以一种比较客观的形式表现出来。至少从本节所考察的三个国家来看，一些重要的指标反映，现代合作性金融的业务规模和市场地位都是不断提升的，显示了现代合作性金融制度强大的市场适应能力，这是对现代合作性金融制度存在的现实认定。

4.3 现代合作性金融的金融稳定性功能的实证分析①

对于现代合作性金融的金融稳定性功能，本节将专门予以讨论。在最近一次金融危机的爆发和在全球的蔓延中，合作性金融机构似乎比商业性金融机构能更好地应对。人们因此对现代合作性金融的金融稳定性功能有了一个较为直观的感受。这种直观的感受需要经过理性的踩躏，也就是我们需要从理论上进行分析现代合作性金融为什么具有金融稳定性的功能，并进行实际验证。

4.3.1 现代合作性金融与商业性政策性金融的差异分析

现代合作性金融的金融稳定性功能是不同于商业性金融和政策性金融

① 为了保持与统计数据的一致性，本部分分析所用资本概念等同一般教科书的资本概念，不再使用欧文·费雪一般化的资本概念。

所特有的金融功能，那么我们首先需要分析现代合作性金融与其他两类金融制度的主要差异是什么，这种主要差异很可能是使得现代合作性金融具有金融系统稳定性功能的原因。

4.3.1.1 以社员利益为核心，坚持一人一票制的民主管理

前文有述，这是现代合作性金融组织的基本特征。现代合作性金融最重要的特征之一就是它是社员所有而不是投资的股东所有。对于合作性金融机构来说，作为居民或企业主的社员同时又是其顾客。因为是社员所有，合作性金融机构的主要目标是满足社员的需求，促进社员经济水平的提高。另外，合作性金融组织采取的是“一人一票”的平等的投票权或选举权，而不是“一股一票”按投资金额多少分配投票权，并且一般也有配套的行业自律组织来共同确保每个社员的利益诉求都得到表达的机会。

因为合作性金融机构的社员又同时是顾客，满足社员的需求本质上就变成顾客价值最大化。对于合作性金融机构，其价值的增加包含在了为顾客或社员提供的产品和服务中，而不是创造的利润或收入。社员不能像上市银行的股东那样获得资本收益。总体上来说，合作性金融机构的社员资格是不能在所谓的二级市场上出售的，社员缴纳的“股金”退出时一般只能以面值赎回。另外，与其他金融机构相比，合作性金融机构有留存公积金，分红是适中的。人们参加合作性金融，成为合作性金融机构的会员的动力主要来自于合作性金融机构提供的各种服务（贷款和教育培训等其他相关服务），而不是为了获得投资收益。从本质上来说，一个合作性金融机构的净经济价值是没有明确产权的无主的可跨代使用的资产。这部分资产现在的社员当然可以利用，但可能的情况是这部分资产会慢慢增加，下一代的社员也可以利用。

4.3.1.2 利润按组织成员贡献大小分配，并留有公积金

以社员利益为核心并不意味着利润对现代合作性金融机构不重要。和商业性金融机构回馈股东不同，合作性金融机构把大部分甚至几乎全部利润留存作为资本金。这样做是因为合作性金融机构一般不能像商业性金融机构那样通过上市发行股份筹集资本，对于募集资本的量也面临法律的诸

多限制[①]。也因此，留存收益是目前合作性金融机构最重要的资本来源，这对于其持续、稳健发展是必要的。

4.3.1.3　营业网点多而广，并服务最基层

合作性金融从其成立至今，服务最基层都是其业务的重心。尽管随着时间的推移，有些合作银行不断拓展其业务范围，包括投资银行业务和国际业务，但是其作为零售市场、服务最基层的历史地位没有改变。与此相适应的是，与其他金融机构类别相比合作性金融机构拥有范围更广的分支机构网络。尽管因为效率的原因和互联网等技术进步，分支机构的数量有所下降，但是合作性金融机构仍然是最接地气的金融机构，这是其优势所在。当然，和非合作性金融机构相比，成本是增加不少的。

4.3.2　现代合作性金融的金融稳定性功能的理论假设

由于上述事实上的差异，理论上会导致与金融稳定性功能有关的合作性金融机构的一些指标，比如资本充足率、杠杆率、收益平稳性、稳健性水平等与非合作性金融机构有所不同。

4.3.2.1　高资本充足率

一般认为合作性金融机构需要有相对高的资本充足率，原因有以下几点。首先，合作性金融机构需要更多的缓冲资本因为他们在面临危机时不能从外部融资[②]。其次，合作性金融机构以零售业务为重心的特征也要求其有较高的资本充足率。因为合作性金融机构把他们大部分收益留存，本身就有条件获得较高的资本充足率。有些合作银行运用一些创新机制在资本市场获得额外资本，比如会员权证和信托优先证券（Groeneveld & De Vries，2009）。

---

① 这里需要指出的是，现实中确实有一些合作银行部分股份是上市发行的，主要目的是吸收额外资本来促进自身发展，但大部分股份还是由社员自己拥有的，并且发行的股份一般是没有投票权只有投资收益权的投资股。前文也有论及。

② 对于上市银行，在信贷危机时成功发行新股融资也是很困难的。但在经济面整体向好时，上市的银行相对而言可以更快地融资，而合作银行却需要一步一步来储备自己的资本。

4.3.2.2 低杠杆率

合作性金融机构总体上倾向于采取相对低的风险策略似乎已经成为共识（Fonteyne，2007；Wyman，2008；Ayadi et al.，2010；Boonstra，2010）。其中一个重要原因是，合作性金融机构并不像商业性金融那样以利润最大化为目标，而利润最大化常常要求采取较多的注重短期效益的、高风险的策略，比如高杠杆率。与商业性金融机构相比，合作性金融机构大部分业务还是在零售市场，面对的大部分是个体客户，风险本来就比较分散，总体来说，风险是较低的。另外，留存收益或公积金几乎是合作性金融机构资本的唯一来源。这促使机构的管理人员必须谨慎，采取低风险策略，因为一旦遭受损失，要获得新的资本是非常困难的。最后，合作性金融机构的社员一般都具有共同的特征，并且服务最基础，注重长期关系，可以更好地评估借款者的信誉和风险，这些特征本身就有助于降低经营风险。

4.3.2.3 平稳的收益率

与商业性金融机构相比，合作性金融机构的收益应该更为平稳。因为商业性金融机构的目的是股东利益最大化，他们常常需要采取高风险策略，杠杆率也更高，资本收益率相对来说可能就很高，但收益率波动性也大。而合作性金融机构相对来说，对于资本使用的杠杆水平要低很多，资本收益更为平稳。

4.3.2.4 更高的稳健性

根据以上的理论分析，一般来说合作性金融机构资本充足率高，杠杆率低，而且收益平稳。再加上其有大量的零售业务，风险分散，对于波动性很强的批量融资市场没有很大的依赖性，而且现代合作性金融体系是一个自下而上入股，自上而下服务的相互支持的有机统一体，能够容易消化系统内个别银行出现的问题，我们很自然要得出现代合作性金融机构在经营上具有更高的稳健性。

对于金融机构稳健性进行测量的一个全面的、常用的方法是 Z-score 模型，因为 Z-score 是与金融机构破产可能性直接相关的。一个金融机构的

Z-score 是由三个因素决定的，分别是股东权益和资产的比率（E/A，即杠杆水平），资产回报率（ROA）和资产回报率的稳定性水平 $\sigma(\mathrm{ROA})$（ROA 的标准差），计算公式如下：

$$z = \frac{ROA + \frac{E}{A}}{\sigma(ROA)}$$

Z-score 的含义是在金融机构的回报率呈正态分布的假设条件下，一个金融机构的资产回报率要下降多少个资产回报率的标准差来耗尽其股本金。换句话说，这个指标可以表明一家金融机构离破产有多远。这个值越高，金融机构越稳健。从计算公式可以看出，一家金融机构的股东权益和资产比率越高，资产收益率越高，资产收益率的波动率越低，其 Z-score 越高，越不容易破产。所以，合作性金融机构应该具有更高的 Z-score。

4.3.3　现代合作性金融的金融稳定性功能的验证

4.3.3.1　对研究方法与数据使用的相关说明

本部分将主要通过对比 2003—2010 年德国、法国、意大利、奥地利、芬兰和荷兰等几个欧洲国家的合作性金融机构与这些国家的非合作性金融机构的资本充足率、杠杆率、收益率和 Z-score 来考察现代合作性金融的稳定性。正如 Fonteyne（2007）所建议的那样，如果我们能够把合作性金融机构和非合作性金融机构相似的业务进行对比考察对于该研究来说是最好的选择了，比如对比研究零售业务。然而，因为数据量和数据连续性不足，使这种研究很难进行。比如，许多商业性银行公布数据时并不把其零售业务数据与整个银行业务或国际业务分开。退而求其次是现实的选择。

把合作性金融机构和其他非合作性金融机构进行对比的一个缺陷是非合作性金融机构作为一个整体并不是同质的，非合作性金融机构包括商业性金融和政策性金融等不同种类的金融机构，它们的商业模式可能相差很大。后续可以在最近这场危机对不同类型的金融机构的影响上加大研究力度，做更深入细致的研究。

本书关于各合作银行的数据由合作银行年报及相关网站数据整理得到。

这里需要指出的是这些数据是从合作银行集团整体的层面获得的，那些不是根据合作性组织原则建立的分支机构或业务类型（如投资银行）也包含在合作银行的金融数据里面。非合作银行的数据是从整个银行业的数据扣除合作银行的数据而得到的。各国整个银行业的数据是由经济合作与发展组织（OECD）国家的银行统计数据库整理得到的。之所以选择这个数据库，是因为经济合作与发展组织对不同国家中央银行提供的数据有统一的标准，这样数据就具有了可比性。

4.3.3.2 资本充足率的检验

本文用一级资本率代表资本充足率来进行验证分析。因为非预期损失是由银行资本来吸收的，所以银行经受不良冲击的能力大小部分是由其资本的大小和质量决定的。一级资本率是银行的一个最低监管资本要求，它能反映一家银行抗风险的能力。一级资本率是一家银行一级资本额和该银行风险加权资产的比率。

从图 4 – 2a 和图 4 – 2b 可以看出，在金融危机发生不久，整个银行业的一级资本率都增加了。这个现象反映出各银行发行了大量的股本进行筹资，并剥离银行的高风险资产，也反映了政府对部分银行的资本注入。银行增强了他们的资本充足水平以重新获得社会的信任，也是对预期更加严格的监管资本要求的一种准备①。从图中可以看到荷兰银行业一级资本率在2008—2009 年增长极其显著，这很大程度上反映的是荷兰政府相对于其他国家对商业银行大量的资金支持。从图 4 – 2a 和图 4 – 2b 也可以看出欧洲不同国家一级资本率是有差异的。可能是由于各国银行业结构的差异和各国法规对认定为一级资本的资本工具差异有关。对合作银行一级资本率进行考察时要特别注意，因为有些合作银行集团公布一级资本率时是地方合作银行和中央合作机构分开公布的。

上节分析认为，合作银行资本充足率应该更高。图 4 – 2a 和图 4 – 2b 让

① 2015 年巴塞尔Ⅲ对一级资本最低要求从 4% 提高到 6%。另外，银行必须要额外计提 2.5% 的缓冲资本以应对突发的危机。另外，各国监管机构还可能对银行规定在信贷扩张时期计提抵御经济周期波动的超额资本 0 ~ 2.5%。对于系统重要性银行，还面临额外 1% ~ 3.5% 的一级资本要求。

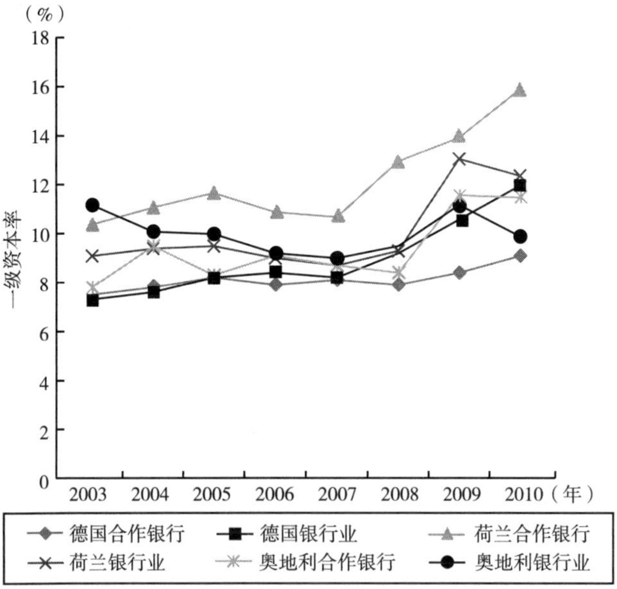

图 4－2a　2003—2010 年合作银行和整个银行业一级资本率：德国、荷兰、奥地利

注：整个银行业数据包含合作银行数据。

数据来源：合作银行年报，合作银行、经合组织（OECD）、国际货币基金组织（IMF）与各中央银行提供数据整理。

我们看到，数据并不完全支持这个理论分析。2003—2010 年期间，意大利和荷兰的合作性金融机构的一级资本率要比自己国家整个银行业的一级资本率高。特别是在荷兰，这个比率的差异因荷兰拉波银行（Rabobank，荷兰合作银行）特别高的一级资本率而显得尤为突出。而在其他国家，合作银行体系的一级资本率和整个银行业一级资本率相比并没有太大差异，有的还要低一些，比如德国、芬兰（2008 年除外）和奥地利（2009 年前）。在法国，合作银行和整个银行业一级资本比例差别很小的原因可能是法国的合作银行占整个法国银行业的比重非常高①。

① 法国合作银行的储蓄市场份额从 2003—2008 年维持在 48% 左右，之后上升到接近 60%。而贷款的市场份额 2003—2008 年维持在 50%，之后上升到接近 70%。2008 年后法国合作银行贷款市场份额的大幅增加主要是由于法国大众银行（Banque Populair）与储蓄银行（Caise d'Epargne）的合并重组。Caise d'Epargne 之前并不属于合作性金融机构。

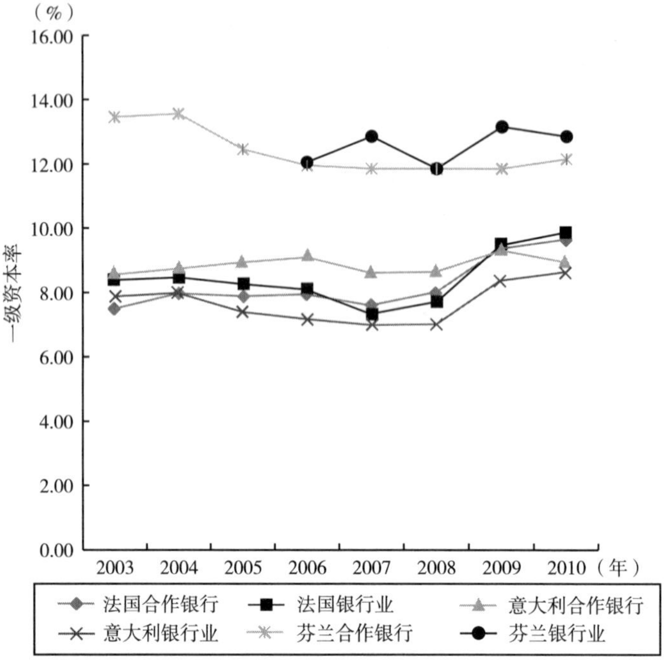

图 4－2b　2003—2010 年合作银行和整个银行业一级资本率：法国、意大利、芬兰

注：整个银行业数据包括合作银行数据。2003—2005 年芬兰银行业一级资本率因数据不足无法得到。

数据来源：合作银行年报，合作银行、国际货币基金组织和各中央银行提供数据整理。

4.3.3.3　杠杆率的检验

最近一次全球金融危机产生的一个主要原因就是金融机构和金融产品不断加杠杆，使得银行变得十分脆弱。危机发生后，巴塞尔银行监督管理委员会的一个提议就是引入未加权的杠杆率，由资本除以所有未加权资产得到。

图 4－3a 和图 4－3b 向我们展示了欧洲德国、荷兰、奥地利、芬兰、法国和意大利六国用权益与资产的比值（E/A）所表示的合作银行与非合作银行的杠杆水平。在德国、荷兰、法国和芬兰，这个比率要比图 4－2a 和图 4－3b 各国的一级资本率低很多，这证实了这些国家银行业在很大程度上对资本的加杠杆操作。2003 年以来大部分国家权益资产比率的提升反映了对表内资产的去杠杆过程。

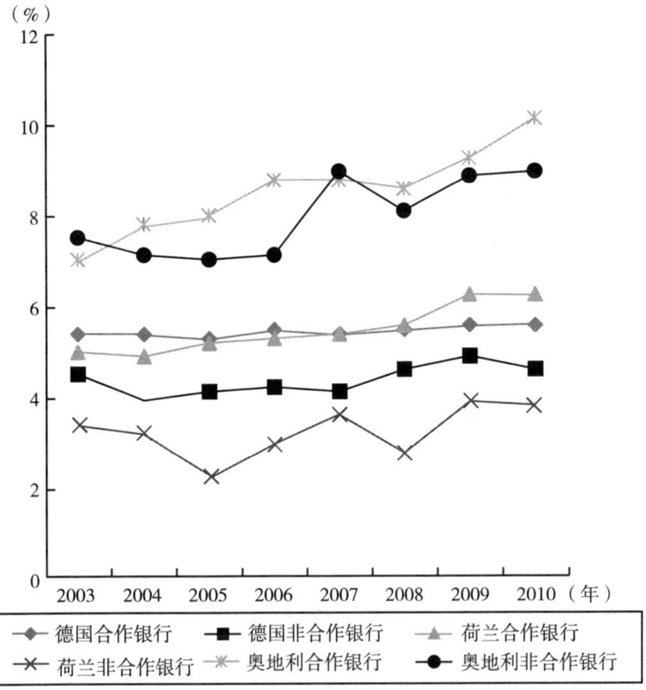

图 4－3a　2003—2010 年合作银行与非合作银行权益资产比（E/A）：德国、荷兰、奥地利

注：权益包括准备金，资产指所有资产。

数据来源：根据合作银行、中央银行和经合组织（OECD）提供的数据整理计算得到。

另外，图 4－3a 和图 4－3b 证实了合作银行从表内资产来看，其杠杆水平要比其他类型的银行低。在德国、荷兰和意大利，在 2003—2010 年整个阶段，合作银行的权益资产比率都要比非合作银行高。在法国和奥地利，从 2004 年到 2010 年也是同样的结果。对于芬兰来说，同样的结果只适用于 2007 年以后，部分原因是该国 2006 年以来非合作银行的总资产大量增加，权益资产比率的快速下降，杠杆水平快速增加。

4.3.3.4　收益率的检验

本书用股本回报率（ROE）来表示收益水平。图 4－4 向我们展示了用平均股本回报率来表示的欧洲合作银行与非合作银行的平均收益水平。总体上来看，在整个 2003—2010 年阶段，合作银行的回报率要比非合作银行

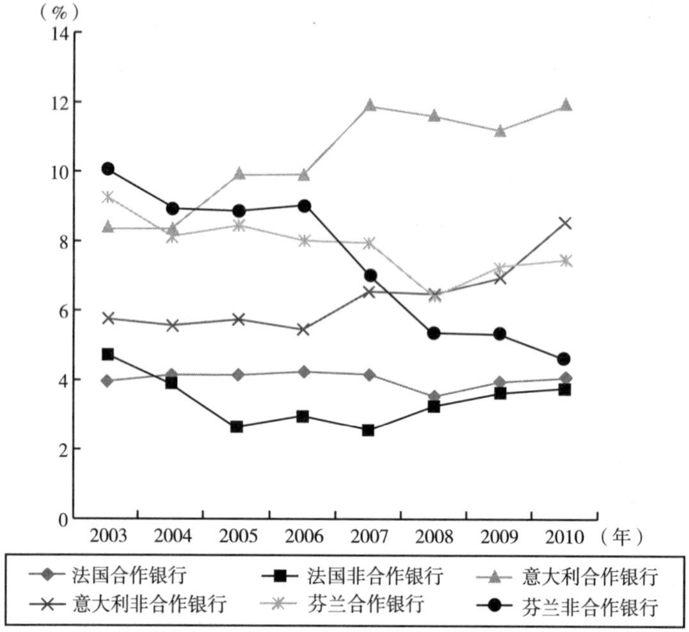

图 4－3b　2003—2010 年合作银行与非合作银行权益资产比（E/A）：法国、意大利、芬兰

注：权益包括准备金，资产指所有资产。

的回报率更稳定，尽管不论是合作银行还是非合作银行在 2008 年都因为金融危机的缘故使得回报率下降。而且，2008 年欧洲合作银行的平均回报率还是正值，而非合作银行的平均回报率已跌到零以下，处于亏损状态。从收益水平的稳定性来讲，合作银行在危机期间的表现要更为稳定。

图 4－4 为合作银行收益率相对来说更为平稳提供了证据，但它并不能证实合作银行的收益水平比非合作银行要低。尽管从 2005—2007 年欧洲合作银行平均收益水平要比排除合作银行后的整个银行业的收益水平低，但在 2003—2004 年和金融危机后，合作银行的收益水平相比较而言更高。所以，该结果也从一个侧面证实了所谓的“零利润定理”①，即长期来看，社会上各行各业的各个生产者获得的利润率理应相等。

① 关于零利润定理，文献综述部分有阐述。

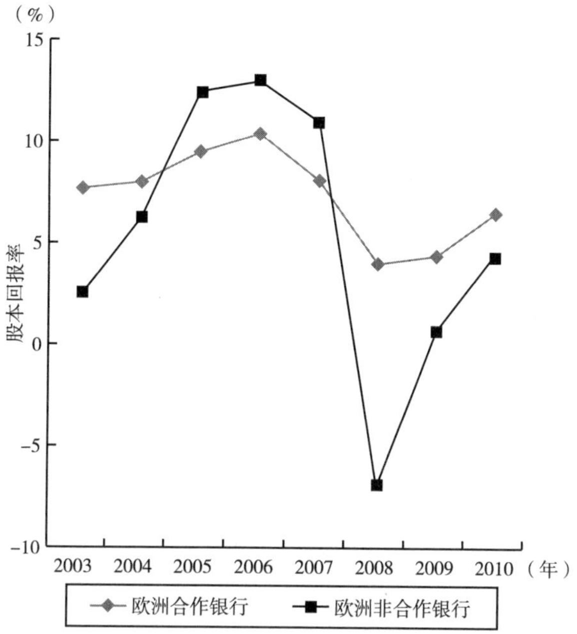

图 4－4　2003—2010 年欧洲合作银行与非合作银行平均股本回报率

注：该图展示了德国、荷兰、奥地利、芬兰、法国和意大利等国合作银行与非合作银行平均股本收益率（ROE）。ROE 的值由净收入除以年平均股本额得到。平均股本收益率由不同国家合作银行和非合作银行的股本收益率根据其总资产的大小加权平均得到。在这些样本国家中，法国的合作银行体系在 2003—2010 年期间在欧洲合作银行业平均股本收益率计算中占到约 50% 的权重。

数据来源：根据各国合作银行，中央银行，经合组织（OECD），还有各国合作银行年报，中央银行年报提供数据整理并计算得到。

4.3.3.5　稳健性的检验——Z-score 模型分析

表 4－8 描述了 2003—2010 年期间合作银行和非合作银行的 Z-score。2003—2010 年期间，合作银行比非合作银行有更高的 Z-score，也因此更为稳健。合作金融机构有更高的 Z-score 主要是由于合作性金融机构与非合作性金融机构相比更低的收益波动率 σ(ROA)。而且，合作性金融机构与非合作性金融机构相比也有更高的平均股东权益与资产比率和更高的平均资产回报率（ROA）。

表 4－8　　2003—2010 年欧洲合作银行与非合作银行的 Z-score

国家	合作银行				非合作银行			
	Z-score	ROA	E/A	σ(ROA)	Z-score	ROA	E/A	σ(ROA)
德国	59	0. 30	5. 4	0. 10	16	0. 05	4. 2	0. 27
荷兰	141	0. 42	5. 5	0. 04	8	0. 29	3. 2	0. 41
奥地利	34	0. 53	8. 6	0. 27	41	0. 11	7. 9	0. 20
芬兰	29	0. 79	8. 4	0. 32	19	0. 81	8. 0	0. 45
法国	29	0. 37	4. 6	0. 17	16	0. 40	4. 1	0. 29
意大利	55	0. 73	11. 0	0. 21	29	0. 47	6. 9	0. 25

注：Z-score、ROA、E/A 的值是 2003—2010 年期间的平均值。ROA 的值是每年银行净收入除以平均总资产得到。

数据来源：根据各国合作银行，中央银行，经合组织（OECD），还有各国合作银行年报，中央银行年报提供数据整理并计算得到。

4. 3. 4　小结

本节首先分析了现代合作性金融与商业性政策性金融的主要差异，并在这种差异的基础上指出与金融稳定性功能紧密相关的合作性金融机构的一些指标，比如资本充足率、杠杆率、收益平稳性、稳健性水平等与非合作性金融机构会有所不同，并在理论上对这些指标的情况进行假设。然后通过对比 2003—2010 年德国、法国、意大利、奥地利、芬兰和荷兰等几个欧洲国家的合作性金融机构与这些国家的非合作性金融机构的资本充足率、杠杆率、收益率和 Z-score 来对现代合作性金融的稳定性功能进行验证。

通过数据分析表明，欧洲各国合作银行在本次全球金融危机及随后的经济衰退中总体上的表现在各国银行业平均水平之上。2003—2010 年期间大部分欧洲合作银行体系按表内资产计算的杠杆水平要比非合作银行体系低。欧洲合作银行体系与非合作银行体系相比，其股本回报率下降也不严重。在非合作银行股本回报率跌到零以下的情况下，合作银行的股本回报率依然为正。另外，2003—2010 年对欧洲合作银行和非合作银行稳健性水平指标 Z-score 的计算证实了欧洲合作银行相对的稳健性。在大部分欧洲国家，合作银行体系比非合作银行有更高的 Z-score，主要应归功于其较低的收益波动性。

总之，本节通过实证检验证实了现代合作性金融相比于非合作性金融的金融稳定性功能。

第 5 章　重构重建中国合作性金融体系：反思与借鉴

前文对现代合作性金融制度进行了研究，论述了现代合作性金融制度的产生、变迁及功能，即该制度最初产生面对的关键局限转变、变动的一般规律与存在的现实认定问题。本章在前文研究的基础上探讨中国合作性金融体系的重构重建问题。中国农村信用合作社自新中国成立以来，虽冠以合作之名，但历经多次变革，始终未走上真正的合作性金融道路。中国城市信用合作社在改革开放初期诞生，持续了一段时间后也销声匿迹。根据三维金融架构理论，商业性金融、政策性金融、合作性金融三维一体的金融架构是一国或一经济体重要的基础性金融制度安排，合作性金融对一国或一经济体经济的发展和金融的稳定具有十分重要的作用，前文的研究已经证实了这一点。本章将在反思国内与借鉴国外合作性金融制度发展的基础上重构重建我国合作性金融体系。

5.1　中国农村信用社未走上合作性金融道路的反思[①]

本节将从历史与文化的视角反思中国农村信用社为什么未走上真正合作性金融道路。在正式展开论述之前，笔者先阐述一下历史与文化研究视

---

① 需加说明的是，在 20 世纪二三十年代，中国在华洋义赈会的倡导和指引下，是建立了真正的合作性金融的，后由于民国政府的介入和其他原因而最终覆辙。本书讨论之中国农村信用社是新中国成立后建立的信用合作社。

角的适当性问题。

根据一般合约理论，所有风俗、伦理、宗教或礼仪这些文化要素皆有约束竞争的含义，都可以作为合约看。或明或暗，或自愿或强迫，一律含盖着相互同意的约束。当然不是市场物品交易的合约，但互相同意的安排必定含盖着某些权利交换。[①] 所以可以把这些文化要素作为合约看，在一定的局限条件下，这些经过漫长岁月形成的风俗、伦理、宗教等文化要素可以起到约束竞争的作用，协助有限资源的使用和分配，防止无序的竞争导致庞大的租值消散，起到提高资源整体租值的作用。但风俗、伦理、宗教等约束竞争的合约安排有一个很大的不足，那就是这些经过漫长岁月形成的合约不容易更改，世情有变但风俗、伦理等文化要素不变可以是大麻烦，可以严重地阻碍经济的发展。

社会基础结构对经济的发展进而对金融的发展至关重要。而文化的因素（如宗教、家庭结构、人们相互信任的程度等）、意识形态的因素（如个人对于经济发展最优制度和政策的信仰）是社会基础结构的决定因素之一。[②]

我国著名金融学家白钦先等撰文深入分析过经济学、金融学的人文特征，强调并捍卫金融学是一门人文学科：金融是有历史的、有文化内涵的、有民族特征的[③]。白钦先教授指导的秦援晋先生的博士论文《文化金融学初探》甚至试图构建一个新的学科——文化金融学。[④]

新制度经济学的鼻祖科斯也认为，在进行制度分析时，学者经常轻视意识形态、习俗规范及价值观等非正式制度的作用，即使注意到它们的作用，也认为它们不像正式制度那样强大或直接，因为这些非正式制度对人类行为的影响既不正式也不具有强制力。“然而，这种误读更大程度上反映

① 参见张五常：《经济解释（卷四）：制度的选择》，北京：中信出版社 2014 年版，第 150 页。

② 参见［美］戴维·罗默（David Romer）著，王根蓓译：《高级宏观经济学（第三版）》，上海：上海财经大学出版社 2009 年版，第 104 ~ 107 页。

③ 参见白钦先、秦援晋和王臻：《金融学的人文特性及其文化阐释》，《金融发展评论》，2014 年第 2 期，第 130 ~ 144 页。

④ 参见秦援晋：《文化金融学初探》，博士学位论文，辽宁大学，2010。

了我们讨论制度时所使用的观念和有关理论上的偏见，而非制度的实际情况。”[①] 科斯指出，必须认识“中国历史遗产的重要性”才能更好地理解中国经济的发展。[②] 中国悠久的历史及其现代表现在中国市场经济发展的过程中起了关键作用，中国市场经济“将以一种当前我们无法想象的方式继续阔步向前，而数千年的中国历史沉淀将为其提供牢固的基石”[③]。科斯非常赞同梁漱溟先生“建设新中国”和“了解旧中国”必须齐头并进的观点，如果没有对旧中国的优势与劣势的彻底了解，新中国将迷失方向，跛足而行。

所以，从历史与文化的视角分析我国合作性金融问题、农村信用社的发展变迁问题不仅是适当的，也是必要的。

5.1.1 中国农村需要合作性金融

我国农村信用合作社自新中国成立以来，虽历经多次变革，但一直未能走上真正的合作性金融道路。最近一次从 2003 年启动的、延续至今的农村信用社体制改革，更是越来越偏离合作性金融的正道，滑向商业性金融的歧途，且这一趋势难以扭转，让一些专家学者发出“梦碎合作”[④] 的概叹，值得深思。

是中国不需要合作性金融吗？答案显然是否定的。世界各国的经验已经表明，合作性金融是适宜于农村经济发展的一项有效制度安排。合作性金融组织在不同国家以不同形式不断涌现，是弱势群体参与市场竞争的十分有效的组织形式，具有极强的生命力。现代合作性金融从出现至今已经有 160 多年的历史，合作性金融与商业性金融并行发展的状况在各国依然持

---

① 参见科斯和王宁著，徐尧和李哲民译：《变革中国：市场经济的中国之路》，北京：中信出版社 2013 年版，第 133 页。

② 参见科斯和王宁著，徐尧和李哲民译：《变革中国：市场经济的中国之路》，北京：中信出版社 2013 年版，第 235 页。

③ 参见科斯和王宁著，徐尧和李哲民译：《变革中国：市场经济的中国之路》，北京：中信出版社 2013 年版，第 263 页。

④ 2013 年 12 月中国金融学会年会上，全国人大常委会财政经济委员会副主任委员吴晓灵作《重铸农村合作金融——纪念农村信用社机制改革》的演讲时发出“梦碎合作”之概叹。

续，这是经济发展的非均衡性及多层次性所决定的。即使在市场经济已高度发达的西方国家，合作性金融依旧保持着强大的生命力，对其需求也十分旺盛。[①] 中国作为地域广阔、人口众多的发展中大国，经济上的非均衡性和多层次性表现更为明显，并将长期存在，这决定了我国对合作性金融的需求是极强的，是客观必然的。

从制度供给的角度来看，根据著名的萨伊定律（Say′s Law）——“供给创造自己的需求”来分析合作性金融制度的需求性问题。萨伊定律的最浅版本是：我供应是为了自己的需求（包括对其他物品的需求），我需求是因为市场上有人供应。[②] 供给和需求是一枚硬币的两面，对于农村合作性金融制度供给来说，如果在条件成熟的情况下，我们在农村创造性地提供这样一种“合作性金融”的服务，人们在权衡各种利弊因素之后，主要是交易费用这个因素，如果他们觉得提供的这种合作性金融制度形式对他们更有利，整体交易费用更低，他们就会选择这种服务，否则可以选择现存的其他金融形式。从西方国家信用合作社的发展史看，信用合作社的产生也主要不是源于单纯的融资需求，而是来自弱势群体通过利他（互助）换取利己（融资）的可能性，特别是农村信用社这种合作性金融对于其社员来说，交易费用要低。农民与商业性金融机构的交易，不论对农民来说还是对商业性金融组织，其交易费用都要比农民与基于社员之间信用的农村信用社交易的费用低。[③] 由此我们可以推断，如果中国建立起来真正的合作性金融，这种制度的供给会自动创造对其的需求。所以笔者认为中国目前没有发展农村合作性金融的需求和内在需要的观点是站不住脚的。中国农村需要合作性金融。

谢平在2001年提出，对农村信用社的合作制问题有两种选择：一种是继续让农村信用社冠“合作”之名而无“合作”之实，使合作性金融成为

---

① 参见周楠，张萍：《国际合作金融发展趋势对我国农村信用社改革的启示》，《生产力研究》，2009年第19期，第134～135页。

② 参见张五常：《经济解释（卷三）：受价与觅价》，北京：中信出版社2012年版，第61页。张五常更多关于萨伊定律最浅版本正确性的分析，参见张五常：《经济解释（卷四）：制度的选择》，北京：中信出版社2014年版，第413～422页。

③ 参见谢平和徐忠：《新世纪以来农村改革研究》，北京：中国金融出版社2013年版，第4页。转引自胡祥苏：《交易成本与农民合作化》，2000年12月20日《中国经济时报》，第5版。

空话；另一种是抛弃规范的合作性金融的设想，给农村信用社重新定位。[①]我们知道，2003 年开始的改革从事实上看，采取了谢平所提出的第二种选择，国家对农信社的改革已经不局限于合作性金融，并且原来的“农村信用合作社”已经去掉“合作”二字，很多已经改为农村商业银行。本章试图要回答的问题就是我国农村有对合作金融的需求，那么农村信用合作社一直未走上合作性金融道路的深层原因是什么？下面笔者将试图从历史与文化的视角对此问题进行深入分析。

5.1.2 现代合作性金融制度与中国传统文化准则的不协调

新制度经济学家们反复强调，制度安排应与文化准则相协调才能很好地运行。本小节想论证的是由于中国传统文化准则与现代合作性金融制度安排存在不协调问题，致使我国真正按合作制的信用合作制度安排难以推行或者制度变迁的成本大大提高，这是我国农村信用社成立后几经改革变迁却未走上真正合作性金融道路的深层原因。

5.1.2.1 伦理本位下广泛信任缺乏

一种介于家庭和政府间的社会“中间组织”要在社会中自发地、大量地、成规模地出现是需要一定条件的，其中一个重要的，甚至是根本的条件就是人们基于广泛信任的合作。农村信用合作社就是这类“中间组织”，它的运作依赖于人们自发地以自愿为前提、信任为基础的互助合作。信任从来就不是理性计算的结果，它产生于宗教、伦理、习俗那些与现代化无关的资源中。[②] 德国、日本、美国都有发达的信用合作组织，根据福山的理论，这是因为他们都属于高信任度的社会，他们的自发社群性倾向更强，并且他们的这种特点有着截然不同的历史根源。德国的自发社群性与传统

① 参见谢平和徐忠：《新世纪以来农村改革研究》，北京：中国金融出版社 2013 年版，第 7 页。

② 参见：[美] 弗朗西斯·福山（Fukuyama. F.）著，彭志华译：《信任：社会美德与创造经济繁荣》，海口：海南出版社 2001 年版，第 9 页。

公有组织如同业公会有关；日本的自发社群性起源于家庭结构[①]和日本封建主义的本性；而美国的自发社群性则是其宗派新教传统的产物。不可否认，契约与商法等制度的确立是现代市场经济出现并推动经济快速发展的前提条件，但信任和自发社群性的经济功能也具有无可替代的作用。高度的信任作为经济关系的附加条件可以大幅度减少经济活动中的交易费用，从而提高经济效益。

中国社会是一个以家庭为核心的伦理本位的社会，与前文提及的信用合作社发达的德、日、美都是不同的。日本虽然与中国都是儒家社会，但前文已有说明，根据福山的研究，日本家庭的联系纽带没有中国那么紧密，日本人所依附的团体对他们更为重要。

伦理首重家庭，并以家庭为中心向外延展出若近若远数不清的关系，通过这种由近及远的关系，不期而辗转地互相连锁起来。所以中国社会又被称为“关系型社会”，现在依然如此。个人有问题时，各寻自己的关系，想办法，而不是诉诸一个超越伦理关系的团体。“是关系，皆是伦理，伦理始于家庭，而不止于家庭”[②]，但关系有深浅，伦理有亲疏。“家庭纽带的牢固意味着毫无关系的个人之间的联系存在着某种弱点：一踏出家庭圈，社会就存在着相对较低的信任度。”[③] 中国人本身强烈地倾向于只信任与自己

---

① 日本和中国同属于儒家社会，与中国有着许多相同的价值观，如孝道是二者共同的核心价值观。但日本家庭结构有一些区别于中国家庭结构的特点：（1）日本的家通常是指居住的房子，是生理基础上的家庭，家的各个位置可能暂时被实实在在的家庭成员所占据，但是这些角色不一定必须由有血缘关系的亲戚担任。（2）中国是男性继承人遗产平分制，日本实行长子继承制。这些特点造成日本缺乏家庭主义，日本家庭的联系纽带比中国家庭脆弱，这反而促进了其社团的发展，使日本具有高度的自发社团组织性。详见［美］弗朗西斯·福山（Fukuyama. F.）著，彭志华译：《信任：社会美德与创造经济繁荣》，海口：海南出版社 2001 年版，第 173 ~ 181 页。中国和日本在遗产继承方面的文化差异是需要经济解释的，这种差异的关键局限不同在于家庭可积累的财富数量。这种在财产继承制方面的差异反映的是古代中国普通家庭的财富水平远远高于同时期的日本。物种的意志是要尽可能地保证自己的基因传承下去，并且要开枝散叶、发扬光大。如果一个家庭的财富数量很少，它绝不能分散，因为那么少的财富再分散的话，会连一个人都养不活。至少要确保先养活一个人，通过他把这个家庭的血脉传承下去。但如果一个家庭的财富数量已经很多，分散财富可以分散风险，提高存活率。这个解释是得到事实验证的。同样是日本人，富有的贵族所采用的财产继承制就不再是长子继承制，而是与中国一样的平均分配制。参见李俊惠：《贸易的真相》，北京：中信出版社 2015 年版，第 34 ~ 38 页。

② 参见梁漱溟：《中国文化要义》，上海：学林出版社 1987 年版，第 79 页。

③ 参见［美］弗朗西斯·福山（Fukuyama. F.）著，彭志华译：《信任：社会美德与创造经济繁荣》，海口：海南出版社 2001 年版，第 56 页。

有血缘关系的人，而不信任家庭和亲属以外的人，家族以外缺乏信任而使无关系的人很难组成社团或组织，包括经济企业。[①] 这是福山所指出的，中国社会在家庭与政府之间缺乏“中间组织”的原因，这也是梁漱溟先生所深刻指出的“中国人缺乏集团生活”[②]。

“缺乏”并不是“没有”，从行迹上，我们当然不能否认有其事。中国历史上有各式各样的“社”与“会”，有政治型会社、经济型会社、军事型会社、文化生活型会社，包罗万象。[③] 中国传统文化一向主张“均平”“和合”，很早就产生了一些扶贫济困、合作互助的组织制度，比如唐宋之后，民间流通金融的合会组织开始兴起，是经济型会社的一种，它们主要有三种组织形式：轮会、标会和摇会。此外，还存在集资以谋取共同利益的会员组织，如储蓄社、防老保险、农业防卫、水利建设、治安会、教育会、消费会、生产会、公益会等。[④] 但这些团体组织往往建筑于伦理关系之上，缺乏系统性，无长远规划，多为解决会员个人临时需要，随生随灭，根本无法形成全国性的组织。而且，各种团体的构建缺乏一致原则，在经营管理和利益分配上常因人、因时、因地而异。这些特点严重阻碍了这些团体组织的发展，与中国庞大的人口相比，无论是数量还是体量上都是严重不足的，是以为“缺乏”。这可以看作是中国虽一直存在流通金融的合会组织，而现代意义上的合作金融组织却未在中国首先出现的文化根源。

伦理本位的社会文化在建立大型的、稳定的经济组织方面存在着很大的困难，因为很难建立超越伦理的更广泛信任的合作，于是只能依靠政府来建立和支持这种大型组织。但由政府建立这种大型组织又有政府官员腐败和公共部门管理效率不高的问题，甚至成为政府部门实现自身目的的工具，甚至产生危害社会公众利益的后果。

新中国成立之初，由于中国社会缺乏超越伦理关系的广泛信任和自发

---

① 参见［美］弗朗西斯·福山（Fukuyama. F.）著，彭志华译：《信任：社会美德与创造经济繁荣》，海口：海南出版社 2001 年版，第 75 页。

② 具体分析参见梁漱溟：《中国文化要义》，上海：学林出版社 1987 年版，第 63 ~ 73 页。

③ 可参见陈宝良：《中国的社与会（增订本）》，北京：中国人民大学出版社 2011 年版。

④ 参见张蔓茵：《中国近代合作化思想研究：1912—1949》，上海：上海书店出版社 2010 年版，第 75 页。

组织社团的倾向，在中国农村要建立起大量的信用合作社，形成层级有序的庞大信用合作体系是无法想象的。最终，这些都是在国家的推动、主导、干预下建立起来的，受到国家的控制，使中国的农村信用合作社与合作性金融的本质相去甚远。这种庞大的信用合作体系本身不是基于农民之间广泛的信任建立起来的，而是政府强制组织起来的，超出了他们可信任的范围，缺乏信用基础，导致人们对农村信用合作社更加不信任。后来的信用社改革，无论怎么改，都摆脱不了“官办”色彩，而非基于广泛民间信任的合作。正如有学者指出中国农村的信用合作“不能出村，一旦出村，就容易变样”①，这与中国伦理本位下信任范围狭窄有很大关系，更与政府的“越位”密不可分，这是我国信用社未能走上合作性金融道路的重要原因。

中国目前正在加快建设社会信用体系，中国人民银行在 2013 年还发布了关于推进农村信用体系建设工作的指导意见。农村信用体系和整个社会信用体系的构建和完善一定会改善我国伦理本位文化下缺乏超越家族关系的更广泛的信任问题，从而有助于农村真正符合合作金融性质的新型金融机构的产生、发展与壮大。

5.1.2.2　缺乏超越家庭的团体合作导致团体合作精神不足

合作精神是指如何作为团体一分子，为了团体共同的利益、共同的任务耐烦商量着向前进行的精神。前面所述农村信用社民主选举流于形式，被少数人把持的现象，有民主精神缺乏的问题，但这也与人们合作精神不足有莫大的关系。我国农村信用社从 1979—2003 年这段时期，一直试图恢复其独立规范的合作金融的性质，但历次改革均未获成功。原因很多，其中合作精神匮乏是原因之一。前文已述中国人缺乏集团生活，所以中国人参与团体众人之中，不卑不亢地商量，不即不离地合作，在生活中是缺乏这方面的训练的，这对于农村农民来说尤其如此。有人说：“中国人不是自暴自弃，就是自尊自大；他或者不要发言权不要监督权，乃至不要自由权作一个顺民亦可以，或者就是要想做皇帝的，乃至想给他皇帝也不做的。”②

---

① 参见吴晓灵：在 2013 年中国金融学会年会上关于农村信用社改革的讲演，2013 年。

② 参见傅大龄：《真正中国人及其病源》，《国闻周报》第九卷十七期。转引自梁漱溟：《中国文化要义》，上海：学林出版社 1987 年版，第 65 页。

这种情形，随处可见。对于中国农村信用社组织，往往是受极少数人控制，多数社员不闻不问，听受支配，只要能得到分红或其他好处，则心满意足；假如亏折，则一般自认晦气而已。除非蓄意寻事，很少有人去考察内情，查问账目，所以事实上农村信用社很长时间以来财务没有对社员公开，“甚至就没有财务公开的监管要求”①。不少学者在论及农村信用社未能走上真正合作性金融道路的原因时，只强调由于内部人控制形成了既得利益集团，阻挠农信社的合作金融恢复之路，却忽略了社员这一方对农信社事务的默然，这种分析是不全面的，不够深入的。

新中国成立以来，我国农村也曾经历过一次组织革命，训练了人们的组织能力和合作精神，但所获得的组织资本随后却遭到破坏，十分可惜。

20 世纪 50 年代社会主义转型以前，家庭一直是中国农村地区的基本单元与组织形式，中国人缺乏集团生活，组织能力与合作精神欠缺。之后，社会主义试验为中国农村带来了一次组织革命，生产队、大队和公社这三者作为一种有别于家庭模式的集体组织形式，第一次在历史悠久的中国农村出现。虽然这次组织革命主要由国家强制推动而缺少灵活性和多样性，但它在中国农村中创造了一种全新的、超越了伦理关系的基础组织结构。

我国从 1982 年起在全国范围内推行家庭联产承包责任制，家庭联产承包责任制成为一条国策，除了少数还以某种形式保持着集体耕种的地区（如天津大邱庄和江苏华西村），其他地方的生产队都被解散了，家庭又成为农业耕种中唯一的经济主体。

家庭联产承包责任制的好处有目共睹，自不用提，但全数废除生产队和人民公社也有不可挽回的损失。首先，全部废除生产队相当于毁灭自己获得的宝贵的组织资本，好不容易培育起来的组织能力与合作精神几乎消失殆尽。其次，组织的多样化（包括它们形成的方式和行为的方式）是构成现代经济和社会生活中需要的适应性和灵活性的重要来源。制度是多层面的，由于太过复杂，任何单一的维度都不足以衡量其优劣，因此，一般保证制度的多样性是更为可取的方式。对于制度变迁来说，制度多样性的

---

① 参见谢平：《中国农村信用合作社体制改革的争论》，《金融研究》，2001 年第 1 期，第 3 页。

不足可能会成为一个严重甚至致命的问题。由于“一刀切”地废除生产队与人民公社，农村经济组织形式过于单一，在中国广大农村地区，能与农村信用社互动的、可提供经验借鉴的团体组织太少，这也成为我国农村信用社向适合我国农村现实情况的合作金融恢复的一大障碍，其虽几经试验、改革，均未成功。

5.1.2.3　小结：上述文化现象的经济解释

以上从两个方面阐述了中国传统文化准则与现代合作性金融制度安排不相协调之处。事实上，前文已经指出，文化传统的形成经过了漫长的时期，是适应经济社会发展应运而生的。其作为广义的合约安排在降低交易费用、提升资源租值方面是具有重要作用的。一旦世情有变，这些文化传统可能会成为阻碍制度变迁或经济发展的重要因素。所以我们在进行经济分析或进行制度变迁方面的实务及研究时是需要考虑这些风俗、伦理等文化要素的。其实，如果更深入地思考，这些文化传统也是需要解释的现象。笔者认为，这些文化现象的产生与我国自秦朝统一中国就形成的中央集权制有很大关系。[①] 西欧国家，包括同是东方国家的日本，随着近代民族国家的崛起才形成了真正的中央集权制。中西方很多文化的不同与此关系甚大。

为什么中国比其他国家更早地选择了中央集权制？也就是说，是什么局限条件使中国比其他国家更能使中央集权制的优势发挥出来，压倒了地方政府被削减权利或自由所必然产生的抵触反抗呢？这是需要解释的现象。李俊惠（2015）提出了两个局限条件来解释。一是古时中原地区要抵御游牧民族的入侵。所谓的中国，在古代主要是指中原地区，这是一片地势平坦开阔的土地，适于耕种，因此很早就发展起比原始社会的狩猎业更具有可持续发展及财富积累能力的农业。然而，这也吸引了周边的草原与戈壁

---

①　西欧国家，包括东方国家的日本，在近代民族国家崛起之前，都没有形成中央集权制，而是封建制，权力不是集中在中央政府的层面，而是分散在地方政府的层面。西欧近代民族国家崛起之前，虽然也有所谓的英格兰、法兰西、德意志、意大利等国家名称，但它们的状况与秦统一中国之前周朝时期的情况差不多。国王是有的，但权力非常有限，大量围绕城堡而形成的庄园是一个个独立性很强的小国。国王有自己的封邑，也是一个庄园主（封建主），只是名望较高，得到其他封建主的尊崇与道义上的服从。

沙漠上居住的游牧民族进来抢掠。长期从事农业的人与长期从事狩猎业的人相比，战斗力要弱很多，而有效的防御却牵涉多个地方通力合作才能卓有成效地完成，这件事由凌驾于多个地方政府之上的中央政府来完成是最为合适的，多个地方统一受中央的指挥，如臂指使地协调行动，可以大幅减少谈判合作的交易费用。秦始皇的“功绩”之一就是修长城，把春秋战国之时在各诸侯国（主要是秦、赵、燕三国）分别建起的城墙全部连通起来。局限条件之二是中国要治水。纵观世界，各大文明古国都发源于大河流域，因此水乃生命之源。但与其他地方的大河相比，黄河是一条特别“暴虐”的河。黄河在历史上数次改道，而所谓“改道”其实就是爆发了严重的水灾，以至于河水从原来流经的河道泛滥，形成新的河道。治水与修城墙抵御游牧民族的入侵一样，各个小地方各自为战是难以办成的，必须是黄河流经的沿岸各地通力合作，治水才有可能成功。因此如果有中央政府来统一安排，协调各地，成效会比各个地方互相谈判合作要节省交易费用。

在中央集权制下，中央上层为了维护自己的权力，必然要压制下层。所以在中国古代中央集权制、家天下独裁制下，中央上层对于社会上有组织的团体一贯是压制打击的。如果一味靠暴力来压制下层，强迫他们把权力上交，交易费用是巨大的，还必须借助激励的手段，这就是中国的儒家思想了。众所周知，春秋之时有诸子百家，各种思想百花齐放。但为什么只有儒家思想得到后世皇朝的推崇，成为官方认可的正统思想？这是因为儒家思想最能适应中央集权制、家天下独裁制。儒家思想是一套道德制度或伦理制度，以较为柔性的方式让下层自觉地将权力交给上层，大幅地减少上层管治的交易费用。儒家思想将上层独裁者与下层民众的关系比喻为父母、子女之间的关系。其实，在儒家思想看来，上层与下层之间的关系，是一种双向的交易：上层给予下层爱护，交换回来的是下层对上层的服从。由此中国古代形成了伦理本位下的中央集权制。

在伦理本位下的中央集权制的社会条件下，上层是家天下的独裁政府，下层是以家庭或家族为单位的“生产组织”。家庭成员之间按照严格的等级排列界定彼此的权利，并组织生产，即家庭资产的权利按照非市场的人权排列有了清晰的界定，并且家庭之外有市场，这使得非市场的人权排列达到了有市场排列权利的效果，这是中国古代经济雄视天下的秘密所在。[①] 但在上层政府与下层家庭之间，中国社会缺乏“中间组织”，使得在中国社会超越伦理关系的广泛信任缺乏，超越家庭的团体合作精神不足。中国长期处于中央集权制、家天下独裁制和儒家思想的严格的等级制下，民主管理的思想自然匮乏。

5.1.3　历史上华洋义赈会成功推动农村合作性金融发展的经验研究

我国 20 世纪二三十年代出现的华洋义赈会是成功推行农村信用合作社的一个范例，其成功的经验之一就是注重对农民组织能力与合作精神的培育。

华洋义赈会是中外合作的慈善机构，成立于 1921 年 11 月，总部设在北京。华洋义赈会总会成立后，“集合全国各地的赈灾余款，用合作社的办法履行‘预防灾荒，改良民生’的任务”[②]。总会拨专款调查农村经济状况，研究在农村推行合作金融制度的可行方案。通过调查，提出最适合中国农村社会的是信用合作制度。它在实践中树立了中国早期合作事业的典范，使信用合作社成为一种可持续、可发展壮大的力量，在中国历史上建立了真正的具有现代意义的农村合作金融。

华洋义赈会选择离总部北京临近的河北省（当时为直隶省）进行农村信用合作社试点。到 1933 年，河北省经过 10 多年的合作运动，合作社扩展到 70 多个县，合作社数达到 914 个，联合会 28 处；自集资本共 115,696.33 元，合作社 11 年累计放款 371,955 元，除了战时的特殊情况外，从没有出现呆账、坏账现象[③]，树立了合作社在社会上的良好信用，改善了河北地区农村和农民的精神面貌。

---

① 参见张五常：《经济解释（卷四）：制度的选择》，北京：中信出版社 2014 年版，第 338 ~ 346 页。

② 参见白钦先：《白钦先经济金融文集（三）》，北京：中国金融出版社 2009 年版，第 393 页。

③ 参见张蔓茵：《中国近代合作化思想研究：1912—1949》，上海：上海书店出版社 2010 年版，第 122 页。

华洋义赈会担当了类似于西方合作社中央联合会的职责，是合作社的指导中心和监督管理机构。但是，华洋义赈会并不因为它为信用合作社的利益出人出钱而损害合作社产权的独立性。它坚持农民在合作社的主体地位，对合作社的原则是指导而不是领导，扮演着一种“引动”角色，不具体干涉合作社事务，把创造组织、发展农村经济的任务留给了农民自己，充分尊重农民在制度创新过程中的首创精神，而且明确规定合作社宗旨是“以社员共同责任，向社外借款，对有正当用途的社员放款，养成社员之间的简朴、自助和合作的精神”[①]。对农民进行合作教育主要采取两种方式：第一，编印出版物，向农民宣传团结互助的重要性，也介绍改良土壤、种子，使用农药等知识。第二，每年冬季举办农民社员合作讲习会，在教育和示范过程中逐步树立和培养农民的自信心和宣传、组织管理能力。农民合作讲习会从第 4 期起，就由农民合作社自己组织。1934 年，中国第一个县级合作社联合会在河北深泽县诞生了，也是由农民自己相互联合促成的。[②] 华洋义赈会指导农民建立信用合作社所使用的参考用书——于树德编写的《信用合作社经营论》也把养成人民互助的团体生活习惯放在非常突出的位置，甚至还设计了具体的形式，如办恳亲会、游艺会、技术演讲会等。[③]

为了促进农村信用合作社的良性发展，华洋义赈会对河北农村信用合作的指导与管理，以诱导、启发、激励为主，其制度安排[④]可以总结如下：

1）无限责任组织制度与自由进退机制

华洋义赈会经调查认为，中国农村经济形式与德国 19 世纪情形相似，决议仿照德国雷发巽式合作形式，全部采用无限责任制，由社员对合作社债务负无限连带责任。同时，确立农民自由组社原则，华洋义赈会仅负责宣传指导，合作社的组织与解散，完全由农民自由、自愿进行。在此基础上，也确立了合作社社员的自由入社与退社原则。但如果社员出现违约或

---

① 参见张蔓茵：《中国近代合作化思想研究：1912—1949》，上海：上海书店出版社 2010 年版，第 114 页。

② 参见张蔓茵：《中国近代合作化思想研究：1912—1949》，上海：上海书店出版社 2010 年版，第 117 页。

③ 参见于树德：《信用合作社经营论》，中华书局 1922 年版，第 5 ~ 16 页。

④ 参见康金莉：《民国时期中国农业合作金融研究（1923—1949）》，北京：科学出版社 2014 年版，第 48 ~ 52 页。

其他违背合作章程的行为，合作社也会对其进行开除处理。但因合作社为无限责任组织形式，退社社员在两年内，仍然对合作社债务负有连带偿还责任。

2）严格限定社员资格

河北农村信用合作社社员资格主要限定为农民，华洋义赈会拟定的《农村信用合作社模范章程》规定："非农民加入为发起社员者，不得过 1/4，以后非农民即不得加入为社员"。在各县合作社社员中，农民占 90.7%，工人占 2%，商人占 4%，小学教师占 3.3%。与商业金融机构相比，农村信用合作社社员信誉及相互之间的了解和信任是维系合作社质量的重要因素。华洋义赈会对社员资格有严格限制，《农村信用合作社空白模范章程》规定："社员为年满二十岁，品行端正之村人"。"以下人员不能成为社员：人格卑陋恶劣，不堪挽回者；幼年（如不满 16 岁者）及精神病者，智能不完全者；乞丐、流氓，没有相当生计者；在合作社营业区域以外居住者"①，"对新加入人员，须由两名以上社员介绍，并经 3/4 以上社员同意，方可入社。对于丧失信用的社员，经执行委员会提议，且以 2/3 以上社员投票表决，可予以除名。"

3）资格承认制度

河北农村信用合作社设立方式是农民自助组织，华洋义赈会进行外部指导。而农民组织信用合作社的主要目的是取得低息贷款。因此，很容易出现专为获取贷款而仓促组社的现象。为防止此种情况发生，亦为保证合作社质量，降低风险，华洋义赈会创设了承认资格制度。规定合作社如从华洋义赈会取得贷款，还需要经过华洋义赈会的承认，即获得承认资格。华洋义赈会对待合作社承认资格的申请非常谨慎，对申请承认资格的合作社，一律先由农利股到实地进行调查，再交合作委办会审核，以避免虚假申报。对每一社的承认资格的取得情况，农利委办会都要逐一登记，并予以公告。已经取得承认资格的合作社，如果经营状况下降，还要取消承认资格。

4）社务考成制度

为督促信用合作社的规范管理，激励各社提高管理质量，从 1926 年起，

---

① 参见张镜予：《中国农村信用合作运动》，上海：商务印书馆 1930 年版，第 97 页。

合作社实行考成制度，华洋义赈会根据所掌握的信息，对各合作社进行量化考评，编制考成表，每年考核一次。华洋义赈会对合作社社务考核只重成绩，不分配指标。即按照总会所定标准，对合作社进行综合考察，宁缺毋滥，从不放松标准。

5）实地指导考察制度

为完善合作社的制度监督，华洋义赈会在考察各社报表基础上，长期坚持实行实地考察制度，向合作社派驻社察员，进行业务指导，并撰写考察报告，为华洋义赈会提供第一手调查资料。指导考察对象并不限于承认社，对未承认社也都一视同仁，意在提高其质量，使其早日取得承认资格。

义赈会采取的一系列措施最终达到一种“适应性进化”的结果，使得农村信用合作社这种由人之理性构建的组织制度与我国自生自发之传统、文化与制度相协调，运作良好。华洋义赈会的成功实践为我国新型合作性金融制度的重构重建提供了重要的经验借鉴。

5.1.4 小结

新制度经济学家们反复强调，制度安排应与文化准则相协调，否则就使一些制度安排难以推行或者使制度变迁的成本大大提高。本书从历史与文化的视角、侧重非正式规则或制度的分析指出，我国农村信用合作社成立后虽几经改革、变迁，终未走向真正合作性金融之路的深层原因是中国社会伦理本位条件下超越伦理关系的更广泛信任之缺乏、民主管理制度欠缺及和超越家庭的团体合作精神不足。农村信用社体系是由人的理性建构起来的一种制度，其制度的安排必须与我国自生自发之各种传统、文化、制度相协调才能很好地运作。我们应谨记哈耶克的告诫：理性是有限度的，不要有任何形式的对理性的滥用，否则将是一种“致命的自负”，只有在累积性进化的框架内，个人的理性才能得到发展并成功地发挥作用①。我们接受合作金融的观念会很快，但文化的变化是非常缓慢的。王曙光曾指出：

① 参见邓正来：《哈耶克的社会理论——《自由秩序原理》代译序》，见［英］弗里德里希·冯·哈耶克著，邓正来译：《自由秩序原理（上）》，北京：生活·读书·新知三联书店 1997 年版，(2003 年重印)，第 13 页。

合作社理念和制度从 20 世纪二三十年代传到中国，历经变迁、异化，仍在慢慢适应、慢慢融合，一个重要的原因就是中国农村封闭性和传统的顽固性程度实际上超乎我们的想象[①]。来源于西方的近代合作制度思想在中国未来的发展，与新中国成立以来的制度变革所带来的思想与制度遗产密不可分。我们应借鉴华洋义赈会的成功经验，采用一种渐进、稳健主义的制度推进方式，多对合作社进行指导而不是领导，多去培育农民互助合作的精神，并在合作中学习民主管理，把创造组织、发展农村经济的任务留给农民自己，减少政府对合作性金融发展的行政干预，达到一种“适应性进化”的结果，最终中国才能建立起真正的现代合作性金融制度。

5.2 重构重建中国农村合作性金融体系

5.2.1　已商业化的农信社彻底商业化

2003 年 6 月国务院印发《深化农村信用社改革试点方案》，新一轮农村信用社改革启动。在本轮改革前，也即在全国八省市（浙江、山东、吉林、江西、重庆、贵州、陕西和江苏）试点开始前，农村信用社不良资产达 50% 左右，而且财政和金融的资金没有分开，这是不可持续的，不能再为“三农”服务。“花钱买机制”是这次改革的核心，强化资本约束，注重完善治理结构，建立农村信用社真正自负盈亏、自担风险的机制，重点是经营机制的转换，涉及财务可持续性和治理结构现代化（吴晓灵，2013）。本轮改革的思路[②]有如下几点：以财务健康为核心，实现可持续发展，注重化

① 参见王曙光：《乡土重建——农村金融与农民合作》，北京：中国发展出版社 2009 年版，第 161 页。

② 根据周小川 2013 年中国金融学会年会关于中国农村信用社改革十年的成绩、问题与未来方向的演进整理。

解不良资产，充实股本，承担风险；国家拿出一定的财力，1,700 亿元左右，清理过去出现的损失；给改革设立正向激励系统，鼓励农信社化解不良资产；坚守 2002 年底对不良资产统计数据，防范道德风险；地方政府行政管理，银监会监管，加强农村金融监管。改革十年后，截至 2012 年底，全国农村信用社不良资产下降到 4%，资本充实率 11.5%，拨备覆盖率 127.5%，资产利润率 1.1%，农信社系统盈利 2,160 亿元，贷款规模是十年前的 5 ~6 倍（周小川，2013）。改革取得的成就是巨大的，基本化解了历史包袱，资产质量和经营财务状况明显改善，长期存在的系统性、区域性支付风险得到有效控制；法人治理组织架构初步建立："三会一层"[①] 的法人治理健全了信息披露，对主要高管人员专项审计、离任审计。

但本轮改革也有许多问题，本轮改革本质上是农村信用合作社的商业化改革，在 2003 年明确由省级人民政府实施"依法行业管理"并组建省级信用联社后，农村信用合作社从产权安排、法人治理、经营目的、开放服务等方面进行改革。这使得合作制在农村名存实亡，追逐利润与追求服务存在一定矛盾。目前全国农村信用社已进行改革，成为农村商业银行的机构约有一半，业务份额约占 65%（文维虎等，2014）。笔者认为，目前在名称上还冠有农村信用社的机构，应在未来三五年内彻底商业化，成为真正的商业性金融机构，彻底放弃"合作"二字，不能再享受原"合作性金融"才能享有的优惠政策，但仍需坚持地方性，以服务本地区经济发展为主。让之前的农村信用合作社彻底商业化，即所谓"往建放生"才能为新型合作性金融体系的重构重建，即所谓"新建新生"提供基础（白钦先和胡巍，2014）。

5.2.2 明确政府介入原则防止过度干预

回顾我国农村信用合作社从成立初到现在的曲折历史，一个很重要的经验教训就是要力避政府过度的行政管制与干预。

现代合作性金融的实践从德国信用合作组织的成立到现在已经在全世

---

① 三会一层议事规则就是由股东大会、董事会、监事会和高级管理层组成的议事管理规则。

界持续了有 160 多年，其思想与理论的产生要更为久远。所以从制度变迁的信息费用的角度看，几乎为零，即要了解合作性金融制度如何运作的知识是很容易的，所以这不是我国一直没走上真正合作性金融道路的原因。另外，前文有述，中国也不是不需要合作性金融，并从历史与文化的视角分析了原因，笔者想指出的一个关键局限就是政府的行政管制阻碍了真正合作金融的产生。中国农村信用合作社成立时虽冠有“合作”之名，但并不是依照合作制原则建立的，而是一种行政命令，属于国家的一种强制性干预农民进行合约选择的方式。农村信用合作社成为我国资本短缺背景下国家以重工业为核心的经济增长战略的棋子（白钦先和杨焱，2014）。农村信用社成为政府把大量农村资金输送到城市发展重工业的“抽水机”。20 世纪 90 年代，农村合作基金会的混乱违规经营，大量贷款在地方政府的干预下用于一些地方政绩工程、投资炒卖房地产等，造成大量呆账、坏账，最终退出历史舞台。

上节指出，我国近代以来并不是没有建立真正的合作性金融的先例。20 世纪二三十年代民国时期的华洋义赈会是在我国成功推行了农村信用合作社的，其成功的经验就是坚持农民在合作社的主体地位，不具体干涉合作社事务，把创造组织、发展农村经济的任务留给农民自己。华洋义赈会所做的工作概括起来主要就是降低农民获得合作金融制度运作的信息费用。当时合作金融思想与理论刚传到我国，现代意义的合作性金融制度如何运作对于大部分人还是很陌生的。但是，民国时期农村信用合作社最终以失败告终，其主要原因也与民国政府的干预有关。政府对农村信用合作社建设的行政干预一方面可能与政府利益需要有关，另一方面可能就是政府过于自负，好像政府比农民自己更了解他们的需求，更顾及他们的利益。我国著名经济金融学家白钦先教授回顾过去 100 多年来中国由政府主导的合作经济金融艰难曲折的经历，也得出同样结论，并为此大声疾呼，中国合作性金融的发展应“力戒政府主导失去根基，力避官方人为干预失去独立自治与活力，力争依法保护运营，力保配套稳定的制度安排”（白钦先和胡巍，2014）。

笔者认为，我国农村新型合作性金融组织与体系的重构要取得成功，政府必须放松对农村合作金融，甚至整个农村金融的行政管制，为合作性金融的发展留出制度创新空间。

前文在讨论为什么信用合作制度首先在德国而不是在经济更发达的英国和法国产生时，笔者给出的解释是：德国当时还是一个政治分裂的未统一的国家，不像英、法两国是统一的民族国家，对金融业管制较多，管制的相对宽松为制度创新留出了较大的空间。而且从本书研究的国外几个国家的现代合作性金融制度的发展来看，其成功的经验之一就是政府为了特定的目的可以直接参与推动合作性金融制度的建立和发展，但都会逐步退出行政管制，减少行政干预。

华洋义赈会推行信用合作社的成功经验也说明我们应充分尊重农民在制度创新过程中的首创精神。政府应主要扮演指导而不是领导的角色，比如在农民中间传播真正的合作金融思想和理论，了解真正的合作性金融制度运作模式。农民在实践中如何运用这些思想建立合作金融组织就让他们自己去创造，给他们充分的缔结合约的自由。政府应充分认识到农民自己比政府更清楚自己的利益所在。如果政府对农民左右“担心”，这不准，那不准，中国真正的农村合作性金融体系怕永远也建不起来。

政府应明确介入的原则，政府在现代合作性金融制度初创时期，可以直接介入推动发展，但随后应有退出机制，逐渐退出政府的行政管制，让合作性金融组织及体系自身去处理日常的经营管理，而政府的主要任务是为农村合作性金融的发展创造良好的制度环境。

5.2.3 重构重建新型农村合作金融组织

下面让我们来分析一下新型农村合作金融组织的现状，会发现政府的行政管制依然是个大问题。

我国农村合作金融创新的组织形式是多种多样的，可以分为五类①。一是由银监部门批准设立的农村资金互助社，截至2014年全国有49家。二是由扶贫办和财政部门联合开展的贫困村互助资金试点，截至2012年末，全国累计1,286个县、1.79万个村开展试点，入社农户166多万人，其中一半以上为贫困农户，资金总规模接近50亿元，但74%的资金来自中央和省

① 参见植风寅：《农村合作金融再出发》，《中国金融》，2014年第7期，第90~93页。

级扶贫资金，带有明显的财政性质。三是由农业部门推动并依托农民专业合作社建立的农民资金互助合作社，无法获取具体数据。四是由供销社创办或领办的农民资金互助社。这一类数量多，规模大，目前也没有全国统计数据。五是农民自发形成的农民资金互助社。这五类除了第一类属于正规金融机构，有金融业务许可证外，其他四类还属于非正规金融组织。

从农村资金互助社的发展我们可以看到农村合作性金融正规化的过程极度缓慢。从 2004 年开始探索到现在只有 49 家通过审批。从 2012 年开始，银监会甚至关闭了其正规化的大门，不再审批农村资金互助社牌照。另外，由于对新型农村合作金融组织没有一个明确的法律地位，与其他金融机构开展合作有很大困难，比如很难通过同业拆借或向涉农机构再融资来增加资本规模，缓解流动性风险等。这些新型的合作金融组织也成了各级政府随意打扮的小姑娘，对其发展诸多限制，在地方管理上，有很多地方政府在资金互助社注册完后竟然不准吸收会员，严重影响其发展。所以，笔者认为我国农村合作性金融的发展问题的症结在于监管抑制方面，在于行政管制方面。政府的角色应是制定相应的法律法规，维持好市场秩序，而不是过多参与到资金互助组织的日常经营和管理（当然对于政府部门参与成立的资金互助组织除外）。

除了行政管制过多的问题，还有如下问题制约新型合作金融的发展：第一，合作性金融机构的法律地位与行业规则不明确，新型合作金融的发展缺乏法律保障。中央虽明确地方政府对新型农村合作金融的监管职责，但这种监管职责在全国也是不统一的，很难协同发展，无经验借鉴。第二，新型农村合作金融机构得不到公共金融服务的保障。第三，除了行政管制过多，还有行政管制混乱的问题。上文提到的五种不同的合作金融组织有不同的“主管部门”，涉及银监机构、人民银行、农业部门、财政部门、供销社、扶贫办、工商、地方金融办等，职能交叉，定位不清，导致部门之间的行为欠规范，权威性缺乏。

为了能让我国新型农村合作金融组织更好地发展，笔者认为应借鉴国际合作金融发展的经验，在考虑中国实际的情况下构建规则统一的中国合作金融的法律法规体系，根据目前的局限条件，可考虑把新型农村合作金融正式纳入《中华人民共和国专业合作社法》，确定其法律地位，对合作性金融组织的产权结构安排进行确认，避免其产权结构遭到破坏，从而减少给一些利益团体上下其手的机会，减低租值消散。相关“主管部门”逐渐淡出对合作性金融组织的行政管理，但可以配套开展协调与服务，例如成立一些政策性的保险公司对新型农村合作性金融组织进行支持。合作性金融机构的组建要符合“自愿、互信、合作、自治、互助”的特点，并培养合格的“民有、民享、民治”的农村合作性金融主体。建立合作性金融组织行政重组或依法退出的机制，这也是有国际经验可以借鉴的。借鉴国际上现代合作性金融组织体系发展经验，逐渐形成自下而上持股，自上而下服务的组织体系。在三维金融架构理论指导下构建农村三维金融架构体系。

我国著名金融学家白钦先提出重新构建中国新型合作性金融组织的六大原则，值得借鉴。

第一，充分吸取教训，不走老路，新事新办。中国过去100多年来由政府主导的合作经济金融艰难曲折颇不成功的教训，概而述之就是：力戒政府主导失去根基，力避官方人为干预失去独立自治与活力，力争依法保护运营，力保配套稳定的制度安排。一定坚持新事新办，总结经验教训，不走老路，一定要高瞻远瞩理性决策，一定不能再新建一批新的改革对象。

第二，先立法再建相关机构。这点说来容易做时难，千百年来中央集权以言代法的人治形成惯性思维和路径依赖，但如今时过境迁，一定要改变传统治理方式，力避人治，弘扬法治，一定要坚持先立法后建机构，依法运营。

第三，顶层设计，统一模式，省级管理，中央指导。转变政府主导的治理方式并不意味着是削弱或放弃政府的权力与职责，相反政府应统观全局、高瞻远瞩，以三维金融架构新思维新视角进行顶层设计，统筹规划，统一基本模式，形成示范性章程与科学标准化治理方式，决不能一纸公文下放不管，任由下面“八仙过海各显神通”，待乱而滥再回头重新治理收拾。可以在中央银行内专设合作性金融司或合作金融指导委员会，专司政策设计、法规制定和业务指导之职，但不是中央一级的合作性金融监管机构。正式的监管机构应设在地方省与市政府内。它是服务机构，不是合作金融的中央管理机构，要充分尊重合作性金融组织的独立自主权、自治管理权。

第四，承认差别，因地制宜，求大同存小异，保底不封顶。中国地域十分广阔，东西南北中各地差别大，发展程度大不相同，大的基本的方面必须同，不能各行其是、各搞一套，只设最低限红线，例如合作性金融组织最低会员人数、最低本金额、最低地域范围限定等，一般情况下只保底不封顶。如此求大同存小异，形成多样性、多特色，发挥各自优势与主动性创造性。

第五，本业为主，适度兼营。所谓本业，就是合作金融组织依法依章程承担的基本业务，即服务于所有成员的那些业务：如，与社员农业相关的信贷业务服务，购买种子化肥农机具的小额贷款，生活生产性房舍修建贷款等；提供支付、转账、汇兑结算、异地资金划拨等金融服务及相关金融专业性咨询服务等。强调服务的普世性、普惠性，不以本金多少决定服务种类与优劣，充分贯彻弘扬仁慈仁爱的人文关怀关爱精神，以坚守合作金融之本质性特征。

在此基础上，可以考虑兼营某些有限的商业性金融业务，可以吸收有限的商业性存款与贷款业务，但不能冲击或影响本职主业，兼营业务量不能超过主营业务的一定比例，如 10%、15% 或 20%。如此可以使管理者感受市场脉搏、关注市场变化、观察市场风险，也可有些商业收入以利于壮大自己，强化与优化主营业务。

第六，发挥优势，广泛代理，服务基层，发展自己。农村金融组织的独特优势是最基层、接地气、借贷双方彼此互信、相关信息充分可靠、风险相对较低、服务成本低（如营业用房）等。而这些对于以追求利润最大化为目的，讲求规模经济、范围经济的商业性金融，以及由于特定领域特定服务的限定而不设分支机构或少设分支机构，尤其没有必要在基层设机构的政策性金融机构来讲，都有充分的优势与吸引力。这就为合作性金融组织发展广泛的代理业务提供了良好的发展基础与市场需求，可以为所有商业性金融机构代理存款与贷款业务，为政策性金融机构代理信贷业务，为商业性保险与政策性保险机构代售代理业务，代理转账支付结算业务等。合作金融组织在广泛服务社会的同时也可增加收入，改善管理，不断发展与壮大自己（白钦先和胡巍，2014）。

5.2.4 构建农村三维金融架构体系

笔者认为，我国农村合作金融体系的重构重建应在三维金融架构理论指导下构建农村三维一体金融架构体系。国际的经验也表明，农村或农业合作金融的发展离不开商业性金融和政策性金融的合作与支持。党的十七届三中全会提出“创新农村金融体制，放宽农村金融准入政策，加快建立商业性金融、合作性金融、政策性金融相结合，资本充足、功能健全、服务完善、运行安全的农村金融体系”，所以从国家层面对于构建农村三维金融架构体系也是认同的与鼓励的。

5.2.4.1 新型农村合作性金融与商业性金融的合作

为了构建良性发展的农村三维金融架构体系，应在发展新型农村合作性金融组织和体系的同时继续深化涉农商业性金融机构及农村信用社的商业化改革，逐渐减少这些金融机构的支农政策性任务，也相应减少国家对它们的支农政策支持和优惠，可以采取先减少增量再减少存量的做法逐步退出，这能提高金融资源利用的效率。但这么做的同时应鼓励并支持涉农类商业性金融机构向新型农村合作性金融机构开展批发金融业务，并通过这种机制实现商业性金融与合作性金融业务的对接。这样可以实现商业性金融与合作性金融的优势互补。合作性金融在农村能够适应小农户的信贷需求特点，在信贷双方信息对称的情况下降低交易费用，降低小农户借贷成本，也能有效防范违约风险。众多小农户的联合形成的合作性金融机构可以获得更高的信用，在与商业性金融机构开展业务合作时其经营风险相对单个农户要低很多，在减少商业银行经营风险的同时也能扩大合作性金融的资金来源，为其拓展各项金融业务，更好地满足农民和农业合作社的金融需求提供了制度保障。另外，在新型农村合作性金融发展的初级阶段，金融基础设施建设很不足，合作性金融组织如农村资金互助社可以选择一家商业银行作为其托管行，负责其账户开立、资金存放、支付结算等，为其提供一些基础性服务，国外农村合作金融发展是有很多经验可以借鉴的。

5.2.4.2　新型农村合作性金融与政策性金融的合作

合作性金融发展的国际经验表明，其健康发展离不开政策性金融的支持，政策性金融具有引导和扶持合作性金融发展的职责。在目前的局限条件下，可以由中国农业发展银行及其分支机构作为新型农村合作性金融机构的指导行，作为新型农村合作性金融体系的顶层组织，或可成为"中央合作银行"，为基层合作金融服务。两者只存在业务合作关系，不存在行政隶属关系，各自独立运营。等农村合作性金融体系发展较为成熟，可以组建高级合作信任联盟，有条件形成真正的完全由信用合作机构持股的中央合作银行时，农业发展银行作为农村合作金融体系的中央银行的历史任务就算完成。在合作性金融发展的初级阶段，中国农业发展银行可以在资金融通（资金来源可以通过国家信用发现债券）、信息系统建设（为农村合作金融组织提供基础设施服务支持）、人员的教育培训（可以指导合作性金融制度运作知识、提升社员民主管理、从业人员业务水平等）等方面提供专业化服务（米振超，2014），真正做到促进农村合作性金融体系的发展完善的职责与重要作用。

5.2.5　小结

本节在反思我国农村信用社发展的问题与借鉴国外合作性金融发展成功经验的基础上为我国农村合作性金融体系的重构与重建提出相关政策建议。笔者认为，为了重构重建我国农村合作性金融体系，首先应让现有信用社彻底商业化，彻底放弃"合作"二字，不能再享受原"合作性金融"才能享受的优惠政策，因为资源总是有限的，应让有限的资源运用到发展真正的合作性金融组织上。其次应放松对农村合作性金融的行政管制，为合作性金融的发展留出制度创新空间，政府应充分认识到农民自己比政府更清楚自己的利益所在。最后笔者在分析新型农村合作性金融组织发展现状及问题的基础上提出重构重建建议，其中特别提出应在三维金融架构理论指导下构建农村三维金融架构体系。

5.3 重构重建中国城市合作性金融体系

5.3.1 建立城市合作性金融体系的必要性

从本书研究的现代合作性金融制度发展的实践可以看出，不论是德、法、美、日等发达国家，还是印度这样的发展中国家，都既有农村或农业合作性金融体系，又有服务于城市居民消费者或中小企业的城市合作性金融体系。然而，目前关于我国合作性金融体系的建设有一个很奇怪的现象，那就是我国的合作性金融似乎与城市没有什么关系。不论是政府部门还是学界，当大家谈论合作性金融时仅仅指农村合作金融。国内关于合作金融研究的大部分文献前面都冠以“农村”二字，即使没有，看文章内容会发现还是关于农村合作金融的。笔者做文献梳理时发现，以“城市信用合作社”为题的论文离现在最近的是2004年的。

从1979年诞生于河南省漯河市的第一家名义上的城市信用合作社算起，我国城市信用合作社的整个生命周期大概持续了25年（高冬民，2004）。

当我国农村信用合作社从2003年开始新一轮改革时，我国城市信用社的改革或整顿已接近尾声，也即那时我国城市合作信用社已经不是合作制，而是公司制了。到2012年，全国最后一家城市信用社宁波象山县绿叶城信用社改制为城市商业银行，城市信用社正式退出历史舞台。这一段经验是否可以得出中国不需要城市合作性金融的结论呢？答案同样是否定的。我国地域广阔，人口众多，经济上的非均衡性和多层次性表现明显，城市合作金融的需求也是强劲的。现在整个国家从上到下都在喊中小企业融资难，如何破解？笔者认为，发展真正的城市合作金融是一个很好的出路。“十三五”规划建议提出：“加快金融体制改革，提高金融服务实体经济效率。健全商业性金融、开发性金融、政策性金融、合作性金融分工合理、相互补充的金融机构体系。构建多层次、广覆盖、有差异的银行机构体系，扩大民间资本进入银行业，发展普惠金融，着力加强对中小微企业、农村特别是贫困地区金融服务。”笔者认为，不能把这个建议仅仅理解为只在农村发展合作性金融，城市也需要发展合作性金融，城市也需要构建三维金融架构体系。

5.3.2　明确政府介入原则防止过度干预

我国城市信用合作社与农村信用合作社一样，一直都未能走上真正的合作性金融道路。笔者认为最关键的原因或局限条件也是因为政府功能越位，行政管制过度，主要表现在城市信用合作社准入安排的组建单位制，即申请组建城市信用合作社时必须有一个政府或准政府部门作为组建单位。这种安排导致城市信用合作社实际上成为满足组建单位安排子女及家属就业、办福利、绕规模贷款、套取资金的工具，完全背离了其设立时的初衷——解决个体私营经济开户难、结算难、贷款难等问题。而且，城市信用合作社的设立具有明显的按行政区划分的色彩，机构的设立、设立的数量与经济的发展并不相关，使大部分城市信用合作社在成立之初就缺乏经济吸纳能力的支撑。另外，城市信用合作社的组建单位是运行于行政体制下，组建单位制的准入安排使得组建单位通过对高管的任命及其他行政干预将行政体制下的一些弊端蔓延到了城市信用合作社，扭曲了其运行目标（高冬民，2004）。这些最终导致城市信用合作社系统的资本风险或偿付风险，遭到多次整顿，还是避免不了城市信用合作社机构系统性消亡的命运。

笔者认为，政府应放松对城市金融的行政管制，为城市合作性金融的发展留出制度创新空间。目前，对金融业的准入门槛太高，银行牌照中注册资本要求最低的农村商业银行最低限额也要5,000万元人民币，城市商业银行最低注册资本需要1亿元人民币。贷款公司牌照注册资本需要50万元人民币，比较低，但必须由境内商业银行或农村合作银行全额出资。这些门槛要求限制了城市金融包括城市合作性金融的发展。

另外，根据本书研究的德、法、美、日、印五国现代合作性金融制度发展情况，政府因为农业或农村发展的特殊性，很多时候迫于国际竞争的压力会直接参与农业或农村合作性金融制度的构建，但之后一般都选择逐渐退出。这五国政府对城市合作性金融的发展一般不做过多干预，基本上这些国家的城市合作性金融属于按照自然演化路径发展。但我们知道，法国、美国、日本和印度等其他国家城市合作性金融的发展是在德国现代合作性金融产生之后，这些国家在现代合作性金融发展方面属于后发国家，具有后发优势，节省了大量的获取制度如何运作的信息费用。这些国家现代合作性金融制度发展的经验也说明，对于城市合作性金融的发展政府更不应过度行政干预。

政府应明确介入的原则，即应主要扮演指导而不是领导的角色。政府在现代合作性金融制度初创时期，可以直接介入推动发展，但随后应有退出机制，逐渐退出政府的行政管制，让合作性金融组织及体系自身去处理日常的经营管理，而政府的主要任务是为城市合作性金融的发展创造良好的制度环境。

5.3.3 重构重建新型城市合作金融组织

与构建新型农村合作金融组织的建议类似，笔者同样认为我国应把城市合作性金融正式纳入《中华人民共和国专业合作社法》，确定其法律地位，对合作性金融组织的产权结构安排进行确认，避免其产权结构遭到破坏，从而减少给一些利益团体上下其手的机会，减低租值消散。在制定该法时，应注意以合作金融理论为基础，借鉴现代城市合作性金融组织发展的经验，力争为我国城市合作金融做出规范、全面的权威性解释和规定，并注意结合我国国情，明确界定不同种类城市合作金融机构的组织形式、管理方式、经营原则、发展方向等，引导其稳健发展。在有法可依的基础上，当然前提条件是这个法律是良法，合作金融组织作为注册的独立法人，按“自主经营、自负盈亏、自我发展、自我约束、自担风险、自求平衡”的原则与运营，政府不要进行过多的行政干预，特别是不要去干预其内部的经营和管理。

在国家放松对金融业过多的行政管制，放开城市合作性金融发展的条件下，有融通资金需求的城市居民或中小企业就会自发的联合起来，很多压抑的金融需求就会显现出来。虽然需要放松政府的行政管制，在城市合作性金融发展的初期，政府可以为城市合作性金融发展配套开展协调与服务，比如成立一些政策性的保险公司进行政策支持，也可以出台一些税收优惠政策，对城市合作性金融进行介绍宣传，出资对城市合作性金融组织成员培训等政策进行扶持，提高组织成员的民主管理意识，增强他们的专业技能和管理水平，引导城市合作性金融健康发展。城市合作性金融机构的组建要符合“自愿、互信、合作、自治、互助”的特点，并培养合格的“民有、民享、民治”的城市合作性金融主体。借鉴国际上现代合作性金融组织体系发展经验，逐渐形成自下而上持股，自上而下服务的城市合作性金融组织体系。建立合作性金融组织行政重组或依法退出的机制，这也是有国际经验可以借鉴的。最后就是要在三维金融架构理论的指导下构建城市三维金融架构体系。

5.3.4　构建城市三维金融架构体系

笔者认为，我国城市合作金融体系的重构重建应在三维金融架构理论指导下构建城市三维一体金融架构体系。国际的经验也表明，城市合作金融的发展离不开商业性金融和政策性金融的合作与支持。

5.3.4.1　新型城市合作性金融与商业性金融的合作

目前，我国城市没有合作性金融组织，城市的低收入群体和中小企业获得信贷资金的成本非常高。由于行政管制的缘故，金融资源匮乏，商业性金融当然首先选择风险较低的大企业、大项目，以较低的成本获得最大的收益，不会去关心风险高、贷款边际成本大的中小企业及低收入群体的信贷服务。如果国家放松对金融的准入管制，通过立法给予城市合作性金融明确的法律地位，城市的低收入群体和中小企业可以形成弱者的联合，可以如美国那样是行业性的、职业性的或社区性的合作性金融组织。合作性金融组织可以以较低的利率给这些低收入城市居民发放消费型信贷，给中小企业贷款，刺激消费和投资，促进国家经济发展和经济繁荣。而且这些低收入群体和中小企业的联合可以提高其整体的信用水平，从而以较高的整体信用和商业性金融开展业务合作，比如从商业银行获得融资支持，批量贷款，为城市合作性金融拓展各项金融服务，更好满足城市居民和中小企业的金融需求。

5.3.4.2 新型城市合作性金融与政策性金融的合作

中小企业融资难问题一直受到国家的关注，政府采取多种措施试图解决这一问题，现在依然是困难重重。甚至政府下令银行一定要有一定比例的小企业贷款。这种行政命令的效果一向乏善足陈。什么叫小企业？从工商登记看是没有用的。大企业下面的关联企业算不算小企业？下面银行想“骗”政府，绕过这个管制实在是太简单了。而且这个过程还多了一个绕道费用，是资源的浪费。笔者认为，通过小企业的联合组建城市合作性金融是一个很好的解决中小企业融资难问题的办法。国家可以成立相应的为中小企业服务的政策性银行与城市信用合作社或城市合作银行对接，对城市合作性金融的发展提供财政与教育培训相关支持。政府对中小企业的在信贷方面的政策性优惠可以直接通过城市合作性金融，针对性更强，效果也会更明显。

5.3.5 小结

本节首先指出在我国城市发展中，经济上的非均衡性和多层次性同样表现明显，城市对于合作性金融的需求也是强劲的。而且城市合作性金融在国外发达国家和发展中国家都是普遍存在的。我国城市信用合作社也未走上真正的合作性金融道路并最终销声匿迹，很重要的原因也是政府过度的行政干预。我国应放松对城市合作性金融的行政管制，为其发展留出制度创新空间。接着笔者对新型城市合作性金融组织的重构重建提出建议，特别指出应在三维金融架构下构建城市三维金融架构体系。

5.4 中国合作性金融在城镇化建设中的作用展望

2014 年，《国家新型城镇化规划（2014—2020）》颁布，其中涉及推进农业转移人口市民化，提高城市可持续发展能力，推动城乡发展一体化等内容。笔者认为，我国合作性金融在城镇化建设中将大有作为。

5.4.1 城镇化本质的再思考

要了解城镇化的本质，首先我们要弄清楚什么是城镇。传统上的各个学科，比如社会学、经济学、地理学等，对于城镇的解释都非常类似，一般是以人口密度来衡量的，人多就叫城镇，人少就不叫城镇。但这种定义是很不可靠的。从人口密度来说，中国和美国差别很大，美国几千人就算城镇了，而在中国可能连村都算不上。标准不一样，城镇化没法比较。笔者认同赵燕菁（2010）的观点，城镇是一个交易公共服务的空间，生产和消费公共产品的场所。有公共服务的地方就是城镇，没有公共服务，自给自足，自己家打井自己做饭，这就是农村。一个地方什么时候开始有集体行动，开始共享一些公共服务，比如消防、排水、电力、电信、道路、管线，这个地方就变成城镇。城镇和农村的分水岭在于有没有公共服务。如果把城镇化质量或水平定义为提供公共服务水平的高低，就可以对城镇化进行比较了。我们可以通过比较不同城镇提供公共服务质量的高低，不同城镇的城镇化水平差异就出来了。当然，从广义的来讲，农村也有公共服务，我们国家的军队、警察对于农村的安全是也是保护的。城镇化就是对农村进行附加从低级到高级公共服务的过程。

5.4.2 对农业现代化的金融支持

"加快农业现代化进程"是《国家新型城镇化规划（2014—2020）》的重要内容，农村合作性金融可以为此作出巨大贡献。

农业现代化需要金融支持，但现代农业新型经营主体，联合经营、专业大户、家庭农场、农民合作社在农业产业化发展初期进入商业信贷市场存在很多障碍，而农村新型合作金融能够有效解决信息不对称问题，资金来源和贷款对象都是社员，对彼此的经营状况和信用状况较为了解，在发放贷款时不仅能够提高信息透明度，还能通过地缘和人缘优势，防范信贷风险，降低信贷的成本和风险。

农村新型合作性金融可以通过对农业专业合作社的贷款支持其扩大生产，实现规模经营，有利于“加快完善现代农业产业体系，发展高产、优质、高效、生态、安全农业”。农村新型合作性金融也可以为农民社员提供购置农业设施设备的消费信贷，对有意于对流转土地进行承包经营的专业大户社员提供贷款，实现耕种机械化、规模化经营。都有利于农业现代化的实现，促进我国农业发展。

5.4.3 对城镇低收入群体及中小企业的金融支持

城镇化的发展离不开城镇居民，包括低收入居民的经济水平的提升；也离不开中小企业的发展，为城市营造良好的就业与创业环境，增强城镇可持续发展能力，为城镇提供更多更优的公共服务。目前不论是低收入居民还是中小企业都很难通过商业银行获得贷款，很多可能需要通过地下钱庄等非正规渠道获得信贷支持，或者通过网上 P2P 平台获得，但一般信贷成本比较高。真正的城市合作金融的发展可以有效化解这个问题。另外，通过城市合作性金融，也可以促进农业转移人口市民化的进程。这些农业转移人口可以通过参加城市信用合作社获得一定的信贷资金做一些小生意，也能参与合作社提供的教育培训等提升自己某方面的技能，逐渐适应城镇的生活，成为真正的市民。通过对中小企业的金融支持，也能扩大就业，吸收农业转移人口，促进他们的市民化进程。当然这一进程需要相应制度的配套。

5.4.4 小结

本节首先对城镇化的本质进行再思考，认为城镇化就是对农村进行附加从低级到高级公共服务的过程，公共服务水平的高低决定了城镇化的水平和层次。我国合作性金融可以通过对农业现代化的金融支持和对城市低收入群体及中小企业的金融支持来促进城镇化的发展。

结束语

现代意义上的合作性金融制度是伴随着工商业资本主义的发展而产生的，迄今已有160多年的历史，已经成为金融体系中不可或缺的重要组成部分，但其在社会经济生活中的重要作用与它目前在经济研究领域受到的重视程度是不匹配的。本书以一般合约理论和三维金融架构下的合作性金融理论为分析的理论基础，综合运用多种研究方法对现代合作性金融制度的产生、变迁及功能这三个基本问题按顺序展开论述，最后在反思与借鉴的基础上对我国合作性金融体系的重构重建提出建议。主要结论如下：

（1）本书通过引入欧文·费雪一般化的资产与资本概念，并结合一般合约理论，重新界定了合作性金融的本质：合作性金融是以具有自主转让权的人力资本为核心的一套合约安排，通过这套合约安排把自身拥有的资产的局部权利转让来换取租值。这套合约安排的基本特征包括金融服务的供应者和使用者统一，一人一票制的民主管理，注重对成员的教育培训，利润按组织成员贡献大小分配并留有公积金等。换取的租值主要是金融组织提供的金融服务及教育培训。

（2）现代合作性金融制度之所以形成是由于两个关键局限的转变：一是知识累积（合作制金融理论与实践及资本主义生产方式中产生的工厂制度和信用制度）使得属于交易费用范畴的制度运作的信息费用大大降低；二是农民和手工业者因改革脱离了封建的人身依附关系，实现了对自身人力资产的产权自主，解决合约达成的先决条件问题。再加上当时农民与手工业者面临的生存压力，政治分裂所导致的政府管制较少，为制度创新留出了空间，最终促成了现代合作性金融制度的产生。

（3）现代合作性金融制度变迁的一般规律有：资金来源、业务范围和服务对象逐渐扩大；民主管理形式由直接民主转向间接民主；形成自下而上持股自上而下服务的组织体系；通过兼并重组对内整合对外扩张；行业自律组织普遍产生和发展；政府直接介入推动现代合作性金融发展但在之后逐渐退出。从理论上抽象地来分析，现代合作性金融制度变迁的全部内容就是现代合作性金融制度随着局限条件的变化沿着减低租值消散的方向发展，是竞争条件下“适者生存”的必然结果。现代合作性金融制度变迁过程中，现代合作性金融组织与商业性金融组织、政策性金融组织相互合作、相互补充、相互影响，这也是现代合作性金融制度发展的一个显著特征。

（4）现代合作性金融除了具有与商业性金融相同的各种一般性功能外，还具有金融稳定性的特殊功能。

（5）我国农村信用合作社成立后虽几经改革、变迁，终未走向真正合作金融之路的深层原因是现代合作性金融的制度安排有与我国自生自发之各种传统、文化不相协调之处，导致制度安排难以推行或使制度变迁的成本大大提高。我们应借鉴华洋义赈会的成功经验，采用一种渐进、稳健主义的制度推进方式，多对合作社进行指导而不是领导，多去培育农民互助合作的精神，并在合作中学习民主管理，把创造组织、发展农村经济的任务留给农民自己，达到一种“适应性进化”的结果。

（6）我国应在反思与借鉴的基础上，在三维金融架构理论的指导下重构重铸合作性金融体系。城市合作性金融的发展也很必要，不能忽视。为了能重构我国新型农村和城市合作性金融体系，政府必须放松其对金融领域的行政管制，应明确介入原则，不能过度干预，为合作性金融发展留出制度创新空间。

本书的撰写期望给后续现代合作性金融的理论研究提供有益借鉴，笔者认为至少可以在以下几个方面进行扩展研究。

（1）研究制度的变迁对制度发展细节的了解要求极高。由于受时间及资料收集困难的限制，对于现代合作性金融制度变迁的理论假说的验证分析本书只以德国现代合作性金融制度的发展为例，后续可以其他国家为例进行验证。

（2）对于现代合作性金融功能发挥的机制研究还需要进一步的理论抽

象，目的论述缺乏理论深度。后续可对功能发挥的渠道、关键变量及机理进行更为系统的理论分析。

（3）限于时间及数据获取的困难，本书只对现代合作性金融自身所具有的金融稳定性功能进行了实证检验，其实一个合理的推论是：现代合作性金融也具有金融系统的稳定性功能。而且现代合作性金融这一特别的金融资源配置方式的存在增加了金融体系运营模式及产权结构的多样性，系统的多样性是系统稳定的一个前提。后续可以对现代合作性金融的系统稳定性功能进行验证分析。

参考文献

[1] Allen, F. & Gale, D. Comparative Financial System: A Survey [EB/OL]. http://finance.wharton.upenn.edu/~ allef/download/Vita/PublishedPapers.htm, 2001.

[2] Ayadi, R., Llewellyn, D. T., Schmidt, R., Arbak, E., & De Groen, W. Investigation Diversity in the Banking Sector in Europe: Key Developments, Performance and Role of Cooperative Banks [R]. Brussels: Centre for European Policy Studies, 2010 (9).

[3] Barou, N. Cooperative Banking [M]. London: London Press, 1932.

[4] Boonstra, W. W. Banking in Times of Crisis: the Case of Rabobank [A], 2010. In: M. Balling, J. M. Berk & M. -O. Strauss-Kahn (eds.), The Quest for Stability: the View of Financial Institutions [C]. SUERF Studies, Vienna: SUERF, 2010 (3): 14-48.

[5] Ferguson, C. & D. G. Mckillop. Classifying Credit Union Development in Terms of Mature, Transiton and Nascent Industry Types [J]. Service Industries Journal (20): 103-120.

[6] Ferguson, C. & D. G. Mckillop. The Strategic Development of Credit Unions [M]. Chichester: John Wiley, 1997.

[7] Fonteyne, W. Cooperative Banks in Europe-Policy Issues [R]. IMF Working Paper, 07/159. Washington D. C.: International Monetary Fund, 2007.

[8] Groeneveld, J. M. & De Vries, Y. B. European Co-operative Banks: First Lessons of the Subprime Crisis [J]. The International Journal of Co-operative Management, 2009, 4 (2): 8-21.

[9] Gunther Aschhoff & Eckart Henningsen. The German Cooperative System: Its History, Structure and Strength [M]. Fritz Knapp Verlag · Frankfurt am Main, 1996: 19 – 22.

[10] Kalmi, P. The Disappearance of Cooperatives from Economics Textbooks [J]. Cambridge Journal of Economics, 2007 (31): 625 – 647.

[11] Levine, R. Financial Development and Economic Growth: Views and Agenda [J]. Journal of Economic Literature, 1997 (35): 688 – 726.

[12] Llewellyn, D. T., British Building Societies and the Financial Crisis: the Continuation of the Mutual Business Model [A], 2009. In: J. Mooij & W. W. Boonstra (eds.), Een eigen koers. Cooperatief Bankieren in Turbulente Tijden [C]. Amsterdam: VU University Press, 2009: 133 – 150.

[13] Merton, R. C. and Bodie, Z, The Global Financial System: A Functional Perspective [M]. Boston: Harvard Business School Press, 1995.

[14] Moojj J., Boonstra W. W. (eds). Raiffeisen' Footprint: The Cooperative Way of Banking [M]. VU University Press, 2012: 67 – 86.

[15] Timothy, W. Guinnane, State Support for the German Cooperative Movement, 1860 – 1914 [J]. Central European History, 2012 (45): 366 – 389.

[16] Wyman, O. Co-operative Bank: Customer Champion [R]. Brussels: Oliver Wyman & European Association of Co-operative Banks, 2008.

[17] [美] 乔安娜·雷格伍德. 小额金融信贷手册 [M]. 北京: 中华工商联合出版社, 1999.

[18] [美] 戴维·罗默 (David Romer) 著, 王根蓓译. 高级宏观经济学 (第三版) [M]. 上海: 上海财经大学出版社, 2009.

[19] [美] 弗朗西斯·福山 (Fukuyama. F.) 著, 彭志华译. 信任: 社会美德与创造经济繁荣 [M]. 海口: 海南出版社, 2001.

[20] 白钦先. 白钦先经济金融文集 (三) [M]. 北京: 中国金融出版社, 2009: 393.

[21] 白钦先. 白钦先经济金融文集: 增订本 [M]. 北京: 中国金融出版社, 1999.

[22] 白钦先. 比较银行学 [M]. 郑州: 河南人民出版社, 1989.

[23] 白钦先．构筑我国政策性金融体系的思考 [J]. 中国金融，1994 (10)：25 - 27.

[24] 白钦先．金融结构、金融功能演进与金融发展理论的研究历程 [J]. 经济评论，2005 (3)：39 - 45.

[25] 白钦先．试论经济学的民族性特征 [J]. 西南金融，2012 (5)：4 - 8.

[26] 白钦先，丁志杰．论金融可持续发展 [J]. 国际金融研究，1998 (5)：28 - 32.

[27] 白钦先，胡巍．试论综合视角下的农村合作金融改革——基于哲学、历史、人文、经济与社会的综合视角 [J]. 经济问题，2014 (9)：1 - 5.

[28] 白钦先，刘刚，郭翠容．各国金融体制比较（第二版）[M]. 北京：中国金融出版社，2008.

[29] 白钦先，秦援晋，王臻．金融学的人文特性及其文化阐释 [J]. 金融发展评论，2014 (2)：130 - 144.

[30] 白钦先，秦援晋．"退而更化"：中国合作金融的改良之路 [J]. 财经理论与实践，2007，28 (6)：3 - 9.

[31] 白钦先，谭庆华．论金融功能演进与金融发展 [J]. 金融研究，2006 (7)：41 - 52.

[32] 白钦先，文豪．论三维金融架构——哲学的人文的历史的与经济社会综合视角的研究 [J]. 东岳论丛，2013 (6)：42 - 54.

[33] 白钦先，杨焱．中国农村信用社未走上合作金融道路的历史与文化视角分析 [J]. 西南金融，2014 (12)：3 - 7.

[34] 白钦先，张坤．中国政策性金融廿十年记之十辨文 [J]. 东岳论丛，2014 (11)：25 - 36.

[35] 陈宝良．中国的社与会（增订本）[M]. 北京：中国人民大学出版社，2011.

[36] 陈雨露，杨栋．世界是部金融史：全新修订珍藏版 [M]. 北京：北京联合出版公司，2013.

[37] 程恩江，刘西川，张建伦．农业合作社融资与农村合作金融组织发展 [M]. 杭州：浙江大学出版社，2014.

[38] 邓晓霞. 中印农村金融体系比较 [M]. 成都: 西南财经大学出版社, 2011: 143.

[39] 邓正来. 哈耶克的社会理论——《自由秩序原理》代译序. 见 [英] 弗里德里希·冯·哈耶克著; 邓正来译. 自由秩序原理 (上) [M]. 北京: 生活·读书·新知三联书店, 1997.12 (2003.8 重印).

[40] 丁建弘. 德国通史 [M]. 上海: 上海社会科学出版社, 2002.

[41] 丁建弘, 陆世澄. 德国通史简编 [M]. 北京: 人民出版社, 1991.

[42] 丁为民. 西方合作社的制度分析 [M]. 经济管理出版社, 1998.

[43] 杜朝运, 张洁. 农村合作金融的制度安排与绩效: 日本经验及借鉴 [J]. 福建金融管理干部学院学报, 2006 (3): 3-8.

[44] 范静. 农村合作金融产权制度创新研究 [M]. 北京: 中国农业出版社, 2006.

[45] 高冬民, 从国际经验看中国城市信用合作社的干预、处置: 1998-2002 [J]. 金融研究, 2004 (9): 77-85.

[46] 高木勇树. 日本的农民组织与农村金融 [J]. 农业经济问题, 2006 (12): 68-74.

[47] 高伟. 日本农协金融的早期发展概况及启示 [J]. 济南金融, 2005 (5): 48-50.

[48] 郭家万. 中国农村合作金融 [M]. 北京: 中国金融出版社, 2006.

[49] 郭磊. 美国农村合作金融发展研究 [J]. 世界农业, 2014 (11): 134-137.

[50] 韩丽娟. 近代中国农村内生金融建设思想研究 (1927-1949) [M]. 上海: 上海交通大学出版社, 2014.

[51] 何广文. 德国金融制度研究 [M]. 北京: 中国劳动社会保障出版社, 1999.

[52] 何广文. 合作金融发展模式及运行机制研究 [M]. 北京: 中国金融出版社, 2001.

[53] 胡晓媛译. 附: 工商业及经济合作社法 [J]. 公司法律评论, 2008 (年卷): 203-240.

[54] 姜庆丹. 德国合作金融运行的成功经验及立法特色分析 [J]. 辽

宁经济管理干部学院学报，2014（2）：46－48.

［55］康金莉．民国时期中国农业合作金融研究（1923～1949）［M］．北京：科学出版社，2014.6.

［56］科斯，王宁著，徐尧和李哲民译．变革中国：市场经济的中国之路［M］．北京：中信出版社，2013.

［57］懒南冈．合作经济研究集［M］．台湾东峰出版社，1982.

［58］李超民．美国农场合作金融法制化与我国农村金融体制建设［J］．环球法律评论，2006（6）：671－680.

［59］李恩慈．合作金融概论［M］．西南财经大学出版社，1999.

［60］李红，罗剑朝．国外农村合作金融的发展经验及对我国的启示［J］．商场现代化，2008（14）：351.

［61］李俊慧．经济学讲义［M］．北京：中信出版社，2012.

［62］李俊惠．贸易的真相［M］．北京：中信出版社，2015：26－43.

［63］李俊慧．科斯定理的三个版本与权利界定［J］．学术研究，2015（9）：89－94.

［64］李树生．合作金融［M］．北京：中国经济出版社，2004.

［65］李文仁．印度合作金融的发展路径及启示［J］．经济研究导刊，2010（22）：172－173.

［66］梁漱溟．中国文化要义［M］．上海：学林出版社，1987.

［67］林广明，谭庆华．金融资源论：对金融功能观与金融机构观的综合研究［J］．金融论坛，2004（6）：3－8.

［68］刘洁，张洁．日本农村合作金融体系的构建及其对我国的启示［J］．现代日本经济，2013（3）：29－36.

［69］刘伟，李风圣．产权通论［M］．北京出版社，1998.

［70］刘岩，仲晓天．合作金融的制度分析［J］．东北财经大学学报，2000（5）：46－47.

［71］刘勇．中国农村信用社制度变迁研究［M］．北京：中国财政经济出版社，2013.

［72］刘增彬．日本农协模式对我国农村合作金融改革的启示［J］．武汉金融，2013（7）：45－47.

[73] 罗骏. 合作金融发展论 [M]. 成都：四川大学出版社，2010.

[74] 马红燕. 印度农村合作金融体系对中国新农村建设的启示 [J]. 世界农业，2011 (8)：69 - 70.

[75] 马晓楠. 中国农村合作金融的异化与回归研究——基于三维金融架构的视角 [D]. 博士学位论文，辽宁大学，2014.

[76] 马忠富. 中国农村合作金融发展研究 [M]. 北京：中国金融出版社，2002.

[77] 米振超. 发展新型农村合作金融 [J]. 中国金融，2014 (14)：85 - 87.

[78] 秦援晋. 文化金融学初探 [D]. 博士学位论文，辽宁大学，2010.

[79] 冉杰. 印度农村信用合作机构改革及其对我国的启示 [J]. 南亚研究季刊，2008 (1)：66 - 70.

[80] 史纪良. 美国信用合作社管理 [M]. 北京：中国金融出版社，2000.

[81] 苏彤. 合作金融发展路径研究 [D]. 博士学位论文，辽宁大学，2009.

[82] 孙立坚，李安心，牛晓梦. 金融体系的脆弱性不会影响经济增长吗？——来自对中国案例实证分析的答案 [R]. 全国金融理论高级研讨会会议论文，2003.

[83] 谭建军. 农村信用社在农村经济发展中的作用与贡献 [J]. 科技经济市场，2014 (8)：28.

[84] 王东光. 德国合作社法律制度研究 [J]. 中国商法年刊，2006：248 - 258.

[85] 王涛. 合作金融制度研究——基于新制度经济学的视角 [D]. 博士学位论文，西南财经大学，2010.

[86] 王曙光. 乡土重建——农村金融与农民合作 [M]. 北京：中国发展出版社，2009.

[87] 王威，樊增强. 论功能观视角下的农户合作金融组织 [J]. 经济纵横，2006 (5)：19 - 21.

[88] 王伟. 中国农村政策性金融的功能优化与实证分析 [M]. 北京：中国金融出版社，2001：122.

[89] 王伟，刘子赫. 农村合作性金融与政策性金融耦合机制国际比较

与借鉴 [J]. 武汉金融，2011 (3)：9-12.

[90] 魏建国，王佳欣. 合作金融组织治理结构的国际比较研究 [J]. 华中农业大学学报：社会科学版，2005 (3)：51-54.

[91] 温信详. 日本农村合作金融发展及启示 [J]. 金融与经济，2013 (4)：47-49.

[92] 文娟. 法国农村合作金融的发展及其对中国的借鉴意义 [D]. 硕士学位论文，暨南大学，2010.

[93] 文维虎，邱文龙，文惠枫. 构建我国新型合作金融体系的再思考 [J]. 西南金融，2014 (12)：8-12.

[94] 吴爱华，李明贤. 农村合作金融发展与农民收入增长关系实证分析 [J]. 广东农业科学，2014 (12)：216-218.

[95] 吴晓灵. 在2013年中国金融学会年会上关于农村信用社改革的讲演 [R]. 2013.

[96] 谢平. 中国农村信用合作社体制改革的争论 [J]. 金融研究，2001 (1)：1-13.

[97] 谢平，徐忠. 新世纪以来农村改革研究 [M]. 北京：中国金融出版社，2013.

[98] 新华网. 中共中央关于制定国民经济和社会发展第十三个五年规划的建议 [EB/OL]. http://news.xinhuanet.com/fortune/2015-11/03/c_1117025413.htm，2015.11.3.

[99] 徐俊. 各国农村合作金融体制比较研究 [D]. 博士学位论文，辽宁大学，2015.

[100] 阎庆民，向恒. 农村合作金融产权制度改革研究 [J]. 金融研究，2001 (7)：67-75.

[101] 杨承建. 日本农协的运作模式 [J]. 农村经营管理，2011 (1)：45.

[102] 杨松，姜庆丹. 美国农场信贷立法及其对中国的启示 [J]. 暨南学报：哲学社会科学版，2011 (6)：1-9.

[103] 杨焱，李士涛. 德国合作性金融产权结构变迁及启示 [J]. 征信，2016 (3)：64-71.

[104] 杨焱，王京. 现代合作金融制度的产生：基于一般合约理论

[J]. 南方金融, 2015 (9): 21-27.

[105] 于树德. 信用合作社经营论 [M]. 北京: 中华书局, 1922.

[106] 岳志. 现代合作金融制度研究 [M]. 北京: 中国金融出版社, 2002.

[107] 曾康霖. 怎样研究合作金融 [J]. 金融管理科学, 1994 (1): 51-53.

[108] 张贵乐等. 合作金融论 [M]. 大连: 东北财经大学出版社, 2001.

[109] 张杰. 中国农村金融制度: 结构、变迁与政策 [M]. 北京: 中国人民大学出版社, 2003.

[110] 张洁. 中国农村合作金融理论与实践 [D]. 博士学位论文, 吉林大学, 2013.

[111] 张镜予. 中国农村信用合作运动 [M]. 上海: 商务印书馆, 1930.

[112] 张军. 合作团队的经济学 [M]. 上海: 上海财经大学出版社, 1999.

[113] 张乐柱. 农村合作金融制度研究 [M]. 北京: 中国农业出版社, 2005.

[114] 张蔓茵. 中国近代合作化思想研究: 1912-1949 [M]. 上海: 上海书店出版社, 2010.

[115] 张鹏. 美国合作农业信贷系统的特点及借鉴 [J]. 西部金融, 1998 (7): 29-30.

[116] 张绍言. 合作金融概论 [M]. 北京: 中华书局印行, 1947.

[117] 张五常. 经济解释 (二〇一四合订本) [M]. 北京: 中信出版社, 2014.

[118] 张五常. 经济解释 (卷三): 受价与觅价 [M]. 北京: 中信出版社, 2012.

[119] 张五常. 经济解释 (卷四): 制度的选择 [M]. 北京: 中信出版社, 2014.

[120] 张五常. 经济解释 (卷一): 科学说需求 [M]. 北京: 中信出版社, 2010.

[121] 张五常. 中国的经济制度 [M]. 北京: 中信出版社, 2009.

[122] 张远军. 建立和完善农村合作金融治理结构防范化解金融风险 [J]. 中央财经大学学报, 2005 (11): 30-34.

[123] 张则尧编译. 合作金融要义 [M]. 北京: 中国合作经济研究社, 1944.

[124] 赵燕菁. 公共产品价格理论的重建 [J]. 厦门大学学报 (哲学社会科学版), 2010 (1): 46-54.

[125] 植凤寅. 农村合作金融再出发 [J]. 中国金融, 2014 (7): 90-93.

[126] 中国人民银行代表团. 论合作金融的混合治理机构 [J]. 金融研究, 2002 (7): 1-9.

[127] 中国人民银行四川省分行课题组. 中国合作金融问题研究 [J]. 四川金融, 1998 (12): 18-22.

[128] 周楠, 张萍. 国际合作金融发展趋势对我国农村信用社改革的启示 [J]. 生产力研究, 2009 (19): 134-135.

[129] 周小川. 在2013年中国金融学会年会上关于农村信用社改革的讲演 [R]. 2013.